희망의 지도

신계륜 정치 에세이
희망의 지도

ⓒ 2023 신계륜
1판 1쇄 발행 2023년 11월 9일

지 은 이 신계륜
펴 낸 이 김재문

총괄책임 진호범
편   집 김동진 정초희
디 자 인 최재원
펴 낸 곳 출판그룹 상상
출판등록 2010년 5월 27일 제2010-000116호
주   소 (06646) 서울시 서초구 반포대로28길 42, 6층
전자우편 story@sangsang21.com
홈페이지 www.sangsang21.com
페이스북 facebook.com/sangsangbookclub
인스타그램 @sangsangbookclub
대표전화 02-588-4589 | 팩스 02-588-3589

ISBN 979-11-91197-90-7 (03810)

* 이 책의 판권은 지은이와 출판그룹 상상에 있습니다.
  이 책 내용의 일부 또는 전부를 재사용하려면 사전에 양측의 동의를 받아야 합니다.

신계륜 정치 에세이
희망의 지도
신계륜 지음

한반도 평화를 위한 시간
사회적 경제를 위한 시간
따뜻한 정치를 위한 시간

상상

서문

수많은 경험들이 나에게 독이 될까 약이 될까.
우리 정치에 독도 약도 없는 것일까.
어떤 때 나는 같은 생각을 가진 사람들을 모으고
다른 생각을 가진 사람들과 싸우기에 열중했다.
어떤 때 나는 다른 생각을 가진 사람들과 어울리며
그 사이에 소통의 다리가 되고자 했다.
지금 분열되고 심화되고 있는 정치, 사회적 다툼에서
나는 길을 잃은 듯하다.
특히 남북관계에서 나는 길을 잃었다.

내 생각에 다툼과 통합은 하나다. 하나의 길에 있다.

2023년 11월
신계륜

차례

005 서문

1부 기억의 순간들

012 김대중 총재와의 첫 만남
021 정치 시작
026 영광도 시련도 성북과 함께
032 민주당 대표 경선, 5일간의 짝사랑
035 서울의 봄과 광주항쟁
038 기억하자 '임을 위한 행진곡'
041 중의무릇 속의 박관현과 5월 광주항쟁
044 치열한 경선을 통해 죽을 만큼 단련되어라
048 사회적 경제 ―캐나다 크리스 도브잔스키 강연
050 낙산사, 부엉이, 노무현 대통령
052 윤이상 묘소 참배, 김정숙 여사
055 인간과 바이러스의 공존
058 뭉치면 죽고 흩어지면 산다
061 대통령과 비서실
066 민주주의자 김근태
072 독버섯이 되어

076 블랙리스트
081 한국의 드레퓌스, 강기훈 청문회 열자
085 김재윤 의원의 영혼
089 11월 12일 광화문 100만 개의 별
092 5월의 마지막 일요일
094 아마존 현자의 노래
097 야반도주의 전설
100 아버지와 아들
102 숨 쉴 틈, 조주현
106 지도자의 인내는 철학이다
109 반전 반핵에 대한 지도자의 인식
112 작은 평화의 길을 찾아
115 담배에 대하여
119 신계륜과 함께하는 '더 신씨네'의 추억
123 세대론

2부 나의 어머니, 우리의 어머니

- 136 어머니의 전쟁
- 140 우는 아이
- 143 전쟁의 승리
- 148 새로운 시작
- 150 섬망
- 153 어머니와 봄날의 데이트
- 157 이 세상 끝까지 자식 걱정
- 160 요양원
- 164 모시떡 3개의 향기로운 모심母心
- 169 코로나와 요양원 봉쇄, 또 다른 고독과 죽음
- 171 정지되고 적막한 어머니들의 나라
- 173 어머니를 추모하며

3부 걸어서 평화 만들기

- 178 아름다운 동행, 신계륜과 함께하는 사람들
- 182 하의도 해안, 바람 속의 맹세
- 186 조금씩 잊혀져 간다
- 189 처연한 달빛 따라 금강산까지
- 193 비 오는 날 설악산 길 걷기
- 195 늙은 광부의 눈물
- 199 이 나이에 무엇이 두려운가
- 202 월곡산 팔각정
- 206 몇 가지 뒷이야기

4부 다시 다리가 되어

- 215   국회 본회의 대정부 질문
- 226   (사)신정치문화원 창립총회 연설문
- 238   서울시장 보궐 선거 당내 경선 연설문
- 245   주5일, 주40시간 노동 제도 확립
- 255   민주당 대표 경선 출마 선언문
- 262   우선 내 마음속의 평화
- 268   이제 우리가 앞장서서 사회적경제기본법 통과시키자
- 272   '사회적 가치'를 토대로 일상적 연대 이루어 건강한 정당을 만들어야 한다

1부

기억의 순간들

김대중 총재와의 첫 만남

회상해 보면 아주 오랜 옛날이지만 당시에는 평민당 총재이던 김대중 대통령과 나의 첫 대면은 참 이상하게도 이루어졌다. 1980년 6월경 내란 혐의로 수배 중이던 내가 체포되어 끌려간 계엄사 합동수사본부에서 만났기 때문이다. 지독한 고문으로 지친 나는 어느 날 전문 수사관의 손에 이끌려 어두운 복도를 거쳐 어떤 방 앞에 섰다. 그리고 문틈으로 김대중 총재의 뒷모습이 의자와 함께 실루엣처럼 눈에 들어왔다. 그리고 그 수사관은 저 사람이 누군지 아느냐고 물었다. 나는 "김대중 씨입니다."라고 대답했다. 그렇게 나는 1980년 서울의 합동수사본부에 의해 김대중 총재를 잘 아는 사람이 되었다.

두 번째 만남은 그로부터 11년 후인 1991년 초였다. 그동안은 서로 다른 길을 걸어서 만날 일이 없었는데 빨리 상의하지 않으면 안 되는 국가적 사건이 일어났기 때문이었다. 국민들이 만든 88년 여소야대 국회가 일부 정치 지도자들의 야합으로 인해 하루아침에 여대야소로 바뀌어 버린 것이다. 이것을 90년의 3당 합당이라고 부르는데 당시 제1야당이던 김대중의 평화민주당(평민당)만 남겨 놓고 제2야당인 김영삼의 통일민주당과 제3야당인 김종필의 신민주공화당이 노태우의 민주정의당과 합당해서 거대 여당 민주자유당을 만든 대사건을 말한다.

87년 대선에서 운 좋게 당선된 노태우가 솟아나는 민주화의 기운을 억누르기 힘들게 되자, 오로지 92년 대선에서 이기기 위해 김영삼, 김종필과 함께 '보수 대연합'이라는 거창한 이름으로 아예 한집을 지어 버린 것이었다.

당시 노동 사정을 말하면, 미조직 사업장에서 노동조합들이 들불처럼 결성되고 조직 사업장에서도 노조 민주화운동이 걷잡을 수 없이 번져가고 있었다. 노동자들이 노동관계법이 얼마나 잘못되어 있는지를 깨닫게 되면서, 점차 노동관계법 개정이 이루어지고 있었다. 그런 마당에 법의 제정과 개정을 담당하는 국회가 하루아침에 여소야대에서 여대야소로 바뀌어 버렸으니, 그것도 보수 대연합이라는 거창한 야합이었으니 얼마나 낙담했겠는가.

그래서 나는 함께 일하며 인식을 같이하는 사람들과 의논하여 당시 제1야당이던 평민당 김대중 총재를 만나기로 한 것이다. 김대중 총재를 만나기로 결정되자 나름의 대책 회의가 여러 차례 열렸다. 우리가 다급해져 결정된 만남이지만 당시 함께 일하던 사람들의 제도권 정치인에 대한 경계심이 얼마나 컸는지, 반反 3당 합당 연대 전선 또는 반독재 민주 연대의 세부 내용보다는 김대중 총재에 대한 분석에 더 열중했다. 김대중은 달변가이고 능수능란하기 때문에 누구라도 설득당하기 쉬워 매우 주의하지 않으면 안 된다는 말을 들었던 기억이 있다. 심지어 어떤 선배는 김대중의 말은 들으면 마법처럼 빠져든다고 하며 듣지 말고 일방적으로 말하고 예스인지 노인지만 듣고 오라고도 했다. 한국 사회의 가장 격변의 시기에 투쟁밖에 모르던 젊은이 하나가 원숙한 제도 정치인을 만나러 가려고 하니, 그것도 중요한 제안을 하러 간다고 하니 주변 동료들의 걱정도 많았고 생각도 많았을 것이다.

당시에는 여러 가지 고전적 이론들이 난무하면서 제도 정치권과는 거리를 두고 독자적으로 독재 정권의 종식에 전념하던 시기였기 때문에 내가 김대중 총재를 만난다는 것 자체가 어떤 의미에서는 위험을 감수하는 일이기도 했다. 연대한다는 데 익숙하지 못했던 당시 분위기 속에서 우리는 대책 회의를 하면 할 수록 이 모순을 풀 수가 없는 듯해 보였다. 나는 내 안에서, 동료들 사이에서 그리고 나와 동료들 사이에서 이런 모순을 둘러싸고 원심력이라는 힘과 구심력이라는 힘이 반복해서 밀고 밀리는 것을 느꼈다.

나는 생각을 집중했다. 그리고 나는 재야 민주화운동 세력의 기성 정치권에 대한 근본적인 태도를 정하지 않고는, 너무나 많은 경우의 수를 대비한다는 것이 불가능하다고 일단 결론 내렸다. 결국 기성 정치권과의 연대가 노동운동에 도움이 되며 김대중 총재 등 야권의 정치권에도 이익이 된다는 것을 서로 확신하지 않으면 안 된다고 결론 내렸다. 그런 관점으로 나는 김대중 총재를 만나러 갔다.

동교동 김대중 총재의 집, 단둘이 마주 앉은 테이블은 의외로 편안했고 김대중 총재는 나를 반갑게 맞아주었다. 나는 먼저 80년 합동수사본부에서 최초로 만났던 이야기, 아니 강제로 나의 눈에 들어오게 된 김대중 총재의 뒷모습에 대해 이야기를 꺼냈다.

김대중 총재는 당연히 그 일을 알지 못했다. 나의 첫 언급이 김대중 총재에게 어떤 느낌을 주었는지 모른다. 다만 나의 경우에는 상대가 어려운 어른이었으므로 이 이야기를 빌미로 하여 좀 더 편한 마음으로 과감하게 이야기를 할 수 있는 용기를 갖게 된 것 같다.

그 후에 진행된 긴 대화는 너무 오래되어 다 기억하기 어렵다. 김대중 총재는 당시 노동자들이 처한 상황에 대해 이것저것 물어보고 연대의 마음을 표하면서 노동관계법 개정운동에 대해 관심을 보였던 것으로 기억된다. 나는 이른바 김대중 내란 음모 사건으로 피해를 입은 분들이 총재의 주변에 많이 있는데 그분들 중심으로만 민주화운동을 보지 말고, 그 후 10여 년간 진화 발전한 민주화운동의 여러 모습을 이해했으면 좋겠다고 말한 것도 생각난다.

그리고 나는 본론으로 들어가 간단명료하게 평민당을 해산하고 범민주 수권 정당을 새로 창당하여 보수 대연합에 대항하고 역사적인 정권 교체를 이루자고 제안했다. 나는 평민당 해산을 요청하는 이유로, 평민당의 노력에도 불구하고 평민당이 전라도에 갇혀 더 이상 확장되고 있지 못한 현실을 들었다. 그리고 그 한계는 평민당의 외연을 넓히려는 노력만으로는 부족하기 때문에 평민당을 해산하고 정권 교체에 찬성하는 사람들을 모두 모아 범민주 수권 정당을 새로 만들어야 한다고 말했다.

메모하며 내 말을 경청하던 김대중 총재는 이론적으로는 맞는 말이나 우리나라 정치 현실은 이론과 다르다고 말하며 평민당 해산에 반대하는 의사를 분명히 표시했다. 김대중 총재는 당시 권력을 장악한 사람들의 비열한 정보기관의 공작 사례를 들면서 3당 합당도 그런 공작의 결과라고 단언했다. 야권을 향한 정보기관의 공작을 과소평가해서는 안 되는 것이 현실이며, 안 되는 일을 되는 것처럼 한다면 결국 국민들을 실망시키게 될 것이라는 요지의 발언을 했다.

  나는 말문이 막혔다. 그러나 이대로 끝내기에는 우리가 처한 현실이 너무나 참담해서 어떻게든 여지를 남겨두고 싶었다. 나는 지금 이 상태로 다시 대선에 임한다면 평민당 후보는 패배할 것이 분명하기 때문에 다른 가능성이 단 1%만 남아 있어도 시도해 보는 것이 낫다고 생각한다는 말을 남겼다.

  약 3시간 정도의 두 번째 만남은 나의 제안이 명백히 거절되었지만 개인적으로 그리 기분 나쁘지는 않았다. 나는 김대중 총재가 거대 기득권 세력의 또 다른 보스일 뿐이라고 느껴지지 않았으며, 김대중 총재를 제외하고 야당이 모두 여당이 된 이 시기에는 김대중 총재가 대통령이 되기 위해서 노력하는 것과 우리가 정권 교체를 위해 노력하는 것은 다르지 않다는 생각도 하게 되었다. 하지만 돌아와 면담 결과를 들은 동료들은 실망하는 기색이 컸다. 어떤 선배는 김대중 총재에게 더 강한 압박을 넣지 않았다고 나를 비난했다. 또 다른 부류의 사람들은 우리에게 기성 정당에게 아부하는 모습을 보였다고 비난하고 조소하기까지 했다.

 세 번째 만남은, 두 번째 만남이 있은 지 10일쯤 지난 어느 날 예고 없이 찾아왔다. 당시에 김대중 총재를 보좌하던 최재승 보좌관으로부터 연락이 왔다. 김대중 총재가 나를 다시 보자고 한다는 것이었다. 나는 최재승 보좌관에게 무슨 일인지 물었으나 다른 말은 없이 일단 동교동으로 다시 오라는 것이었다. 나는 잘은 모르지만 나의 제안에 대해 받아들이거나 아니면 받아들이지 않아도 무언가 설명할 것이 더 남아서 부른 것이라 생각하며 다시 동교동을 찾았다.

 김대중 총재는 나에게 "신 동지의 의견을 그동안 신중히 생각해 보았는데 그것을 받아들이기로 결정했어요. 평민당을 해산하고 그 안에 민주 세력이 모두 참여하는 신당을 새로 창당합시다."라고 말했다.
 그 뒤로 김대중 총재는 무슨 말을 더 했는데 지금 기억나는 것은 그 말뿐이다. 불가능할 것 같아 보이던 일이, 그것도 나의 제안으로 시작된 일이 받아들여지던 세 번째 만남은 그런 만큼 내 기억 속에 핵심만 선명히 남아 있었다. 그리고 이 세 번째 만남은 내 운명에 중요한 전환점이 되었다. 그다음 김대중 총재가 한 말 때문에 그렇다.

"신 동지가 준비를 해주세요."

나는 나의 제안을 받아준 것에 고마운 마음이 가득 차서 그 자리에서는 별생각 없이 그렇게 하겠다고 대답했다. 나중에 되새겨 보니 나의 대답은 내가 새로운 정당에 입당하는 것을 포함하는 중대한 문제였다. 그러나 내가 평민당을 해산하고 범민주 수권 정당을 새로 만들자고 주장하고 제안하여 이 일이 시작되는 마당에, 내가 이 일에 참여하지 않을 수는 없다는 생각에 이르자, 창당 준비에 전력을 다하는 것이 행동하는 사람의 책임 있는 자세라고 스스로 정리했다.

이후 범민주 수권 정당의 이름이 신민주연합당으로 정해지고 나는 신민주연합당 창당준비위원회의 기획실장이 되어 정권 교체에 찬성하는 모든 사람을 아우르는 일에 우선 나섰다. 이 과정에서 나는 종교 단체와 시민 단체 사람들을 두루 만나며 이 일이 얼마나 어려운 일인가를 실감했지만 정열적으로 사람들을 만나고 논의하고 논쟁했다. 이우정 교수를 비롯한 많은 인사들이 점차 이 일에 참여했다. 특히 박우섭은 거의 매일 밤 늦게 서울에서 인천으로 함께 귀가하면서 새로운 정당 창당 문제뿐만 아니라 인간적인 교감을 깊게 나누었다. 이 과정에서 김대중 총재와는 매우 자주 만나 일하면서 점차 정권 교체는 김대중 총재 이외에 대안이 없다는 생각을 굳히게도 되었다.

▲ 김대중 총재와 당원 단합대회에서

   91년 4월 9일 신민주연합당이 창당되었다. 그리고 이 힘이 바탕이 되어 김영삼의 3당 합당을 거부한 통일민주당 잔류 세력(일명 '꼬마 민주당')과의 합당도 이루어지고 그해 9월 16일 민주당이라는 당명이 확정됨으로써, 92년 초 총선과 92년 말 대선에 대비한 기본 대형을 갖추어 거대 민자당과 대결하게 되었다. 그렇게 야권 대통합의 와중에 나는 정치에 입문하게 되었다. 내 나이 36세였다.

정치 시작

    1991년 신민주연합당을 거쳐 그해 9월 다시 민주당으로 당명이 정해진 후 어느 날 김대중 총재는 나를 불러 나의 운명에 중대한 영향을 미칠 제안을 했다. 충분하지는 않지만 최소한 재야를 포함한 범야권 통합의 기틀을 마련했으니 노동운동으로 돌아가서 다시 하던 일을 해야 할까 하고 생각하고 있던 차에 김대중 총재가 나를 부른 것이다. 최재승 보좌관이 나의 이런 고민을 김대중 총재에게 말했던 것 같다.

    김대중 총재는 나에게 작심한 듯 말했다. "신 동지, 다시 노동 현장으로 돌아간다고 들었는데, 앞으로의 시대는 좀 달라질 겁니다. 정치가 결국 중심이 됩니다. 운동도 좋지만 신 동지는 정치를 하면 좋겠어요. 현장에서 일하는 사람도 필요하고 정치에서 노동을 돕는 일을 하는 사람도 필요해요. 내가 지켜보니까 신 동지는 정치를 하면 좋겠어요. 그래야 신 동지가 좋아하는 노동자들도 더 도울 수 있어요. 나도 깊게 생각하고 말하는 것이니 신 동지도 내 제안을 깊게 생각해 보고 잘 판단하면 좋겠어요."

그 뒤로 같이 일하는 사람들에게 김대중 총재의 제안을 밝히고 의견을 구했으나 찬성하는 사람은 거의 없었다. 뒤로 듣기로는 배신자라는 말까지 나왔다고 한다. 그러나 나는 김대중 총재의 제안이 권모나 술수와는 관계가 없고 나에 대한 애정과 관심에 바탕을 둔 진실한 제안이었다고 판단했기 때문에 정치 입문이라는 결심을 굳혔다. 아니 어쩌면 신민주연합당 창당준비위원회 기획실장으로 일할 때 이미 정치 입문을 했다고도 볼 수 있을 것 같다.

다시 그로부터 얼마 후 92년 총선을 앞두고 민주당 국회의원들이 출마로 분주해질 무렵 김대중 총재는 나에게 물었다. 고향이 전라남도 함평인데 지역구를 생각해 둔 곳이 있냐고 묻는 것이었다. 나는 노란색이면 무조건 당선되는 전라남도 함평의 고향에 가기보다는 전라도가 아닌 험지를 가고 싶다고 말했다. 나중에 최재승 보좌관의 말에 따르면, 나의 그 말은 김대중 총재를 감동시켰다고 한다. 모두들 당선되기 쉬운 곳을 선택하는

데 그 젊은이의 생각은 참 남다르다고 여러 번 말했다고도 한다. 그러나 요즘 가끔 그때 내가 함평, 영광, 장성 지역에 출마했으면 무슨 일이 일어났을까 하는 생각도 해본다.

얼마 후 나는 김대중 총재에게 구로 공단이 있는 구로구를 택했으면 좋겠다고 말했다. 김대중 총재는 그렇게 하라고 했다. 다시 그로부터 얼마 후 나는 허인회, 이인영 등 가까운 후배들과 지역구 문제를 상의하며 내가 노동자 밀집 지역인 구로구로 신청했다고 했더니 한결같이 고대 학생들의 지원이 용이한 성북구로 옮겼으면 좋겠다고 말했다.

다시 그로부터 얼마 후 나는 김대중 총재에게 지역구를 구로구에서 성북구로 바꾸었으면 한다고 말했다. 김대중 총재는 또 그렇게 하라고 말했다. 그때 나는 내정된 지역구를 다시 옮긴다는 것이 김대중 총재라고 하더라도 얼마나 어려운 일인지 몰랐다. 나중에 김대중 총재는 남들은 다 가고 싶어 하는 전라도 지역구를 안 가겠다고 하더니 이번에는 내정된 지역구 구로구를 성북구로 바꿔 달라는 사람은 내가 처음이라고 말했다고 한다.

이렇게 해서 나의 제2의 고향이 되어버린 성북(을) 지역구에 첫발을 내디디게 되었다. 나는 부랴부랴 장위동 성당 앞에 있는 연립 주택에 전세를 얻었다. 나의 성북구 시대는 그 당시 전권을 행사하던 김대중 총재의 각별한 관심과 사랑이 아니었으면 불가능했을 것이다. 아니 나는 정치 입문을 고려하지도 않았을 것이다. 김대중 총재가 그렇게까지 나를 세심히 배려한 이유는 잘 모른다. 그러나 당시 나는 민주화운동의 진전을 위해 진심으로 정권 교체를 원했고 그 대안은 김대중이며 이를 위해서 나의 모든 지혜, 용기 그리고 경험을 쏟아붓는 것이 나의 시대적 소명이라고 생각했다.

▲ 1992년 성북(을) 지구당 현판식

1992년 2월 27일 드림랜드(현 북서울꿈의숲)에서 나의 정당사에 오래 기억될 발언이 있었다. 김대중 총재가 3000여 당원이 함께한 민주당 성북(을) 지구당 개편대회에서 "신계륜 동지는 장차 정치 거목이 된다는 확신을 가지고 공천했다."라고 언명한 것이다.

  92년 총선에 첫 출마한 나는 이 지역의 높은 민주당 지지 열기와 연일 수천 명에 달하는 고대 자원봉사자들의 헌신으로 당선되었다. 이때 허인회는 자원봉사단장으로 나섰고 이인영, 김영배 등의 학생운동 리더들이 대거 참여했다. 내 나이 37세였다. 그로부터 오늘까지 31년간 '영광도 시련도 성북과 함께'라는 나의 장정이 시작되었다.

영광도 시련도
성북과 함께

  1992년 총선에서 당시 37세의 나이로 서울 성북(을)에서 당선된 것은 나의 영광이었다. 이후 95년 중앙일보 의정활동 평가(발언 횟수, 대안 제시, 공무원 평가 등)에서 상임위 중 1위를 차지한 것도 더 없는 영광이었다. 그러나 모든 사물과 운동이 그렇듯이 영광도 언제나 두 개의 얼굴을 가지고 나타나는 것 같다. 나는 들떠 있었고 자신만만했지만 보는 사람에 따라서는 건방지게 보였다고도 한다. 김대중 총재는 92년 말 대선 패배 후 정계 은퇴를 선언했다. 그 후 복귀하여 서울 패배의 원인으로 지적되기도 하는 새정치국민회의를 창당했다. 새정치국민회의 소속으로 출마한 96년 총선에서 나는 낙선했다. 이것은 첫 번째 시련이었다.

그러나 더 큰 영광이 바로 따라왔다. 97년 대선에서 내가 정치에 입문하는 데 가장 큰 동기였던 정권 교체가 이루어지고 김대중 후보가 대통령에 당선된 것이었다. 꿈에도 그리던 대한민국 사상 처음의 실질적 정권 교체를 성북(을) 지역위원장으로서 성북구민과 함께 이룬 것은 내 평생 기억될 영광 중의 영광이었다. 나는 그날 월곡동 사무실을 가득 메웠던 오랜 당원들의 함성과 눈물을 오래 기억해야 한다.

그리고 이어진 2002년 대선에서 새천년민주당의 노무현 후보의 대통령 당선도 나는 성북구민과 함께했다. 이것 또한 사상 최초의 민주당 계열의 정권 재창출이라는 점에서 반드시 기억해야 한다. 나는 그때도 성북(을) 지역위원장으로서 성북구의 당원들과 고락을 함께했다. 아마 내 기억이 정확하다면 당시 월곡3동(현재는 월곡1동으로 통합)이 서울 지역 최다 득표율을 기록했던 것 같고, 노무현 당선인은 월곡3동에 특별한 감사를 표시했던 것으로 기억된다.

김대중 후보 시절에 나는 청년위원장과 노동특별보좌관을 맡아 선거를 도왔다. 마침내 선거에서 이기자 남들이 부지런히 자리 찾아 돌아다닐 때, 나는 이제 뜻을 이루었으니 정치를 그만하고 시민으로 돌아가겠다고 하며 거의 한 달간 전국을 주유했다.

노무현 후보 시절에 나는 당시 위상이 흔들리고 있던 노무현 후보의 비서실장을 맡았다. 그리고 노무현 후보에게 정몽준 후보와 후보 단일화를 건의했다. 노무현 후보는 이 건의를 받아들여 초기 후보 단일화 협상을 진행하면서 이해찬 의원을 협상단장으로 임명했다. 그러나 협상 도중 우여곡절 끝에 이해찬 의원이 중도에 그만두게 되자, 부득이 내가 협상단장으로 나서 결국 단일화 협상을 성공시키고 단일 후보로 노무현 후보를 확정해서 당선에 기여했다.

▲ 2002년 후보 단일화에 합의한 노무현 후보와 정몽준 후보

이와 관련하여 하나 더 기록하면, 이해찬 의원이 협상단장을

그만두게 되자, 노무현 후보는 나에게 그 자리를 맡으라고 제안했다. 나는 내가 비서실장인데 협상단장으로 적합한지 판단이 안 선다고 넌지시 거절했으나 노무현 후보는 무슨 상관이냐고 말했다. 나는 그때 마음속으로 내가 강력히 후보 단일화를 주장했으니 내가 마무리하라는 뜻이라고 생각했다. 실제 후보 단일화 과정은 피를 말리는 우여곡절의 연속이었다. 협상단에는 토론회 준비를 위해 김한길 의원이 참여했고 여론 조사 준비를 위해 전문가인 홍석기와 이근형 등이 참여해서 큰 도움을 주었지만 성공을 예측할 수는 없었다. 나는 후보 단일화에 실패하거나 단일화를 이루어도 노무현 후보가 선택되지 않는다면 정치를 그만둘 생각이었다. 온갖 조정 작업이 실패하고 법적 후보 단일화 시한이 임박했을 때, 마지막 점검을 위해 모인 노무현 후보 캠프 참석자들의 발언은, 최종 담판을 위해 출발하려는 나에게 조금도 따뜻하지 않았다. 무거운 마음으로 캠프 회의장을 떠나 출발하려는데, 이재정 의원이 따라 나와 특유의 온화한 미소를 띠며 내 손을 꼭 잡고 힘을 내라고 격려해 주었다. 이것이 유일한 격려였다.

이후 집권당인 새천년민주당이 2003년 열린우리당의 창당으로 분당되자 내부에서 분열이 왔다. 이후 노무현 대통령은 역사상 처음으로 탄핵심판이 열린 인물이 되었고, 나는 내 생애 최초로 정치자금법 위반으로 기소되는 시련을 맞았다. 그리고 2007년 대선이 실패하고 당이 혼란에 빠지자 당을 수습하기 위한 구원 투수로 손학규 당 대표와 함께 대통합민주신당 사무총장으로 복귀했다. 우선 나는 일부의 반대에도 불구하고 열린우리당의 후신 대통합민주신당과 구 민주당(열린우리당 창당에 합류하지 않은 민주당)의 통합을 추진하고 성공하여 당명을 통합민주당으로 정했다. 나는 대통합민주신당에 이어 통합민주당의 사무총장으로 일하며 2008년 총선 준비를 위해 최선을 다했다. 그러나 당 사무총장인 내가 공천에서 탈락하면서 다시 시련이 시작되었다.

그럼에도 불구하고 2012년 나는 네 번째로 성북(을) 지역에서 당선되는 영광을 누렸다. 3선 이상은 피로감을 가중시켜 좀처럼 당선시키지 않는다는 서울 특유의 분위기와 관행을 이겨낸 것이다. 그때 나는 그것을 나에게 국회의원 그 이상의 것을 하라는, 성북구민의 명령으로 받아들였다.

2012년 12월 국회 환경노동위원장이었던 나는 민주통합당 원내 대표에 출마했다. 그러나 경선 결선 투표에서 패배했다. 다시 2013년 4월에는 예비 경선 5일을 남겨둔 시점에서 당 대표에 출마했으나 준비 부족으로 또 패배했다. 그리고 다음 당 대표 선거에 다시 도전하려고 최선의 준비를 하고 있던 시기인

2014년, 이른바 입법로비 혐의로 기소되는 억울함을 당했다. 그리고 이 부당한 기소로 인해 나는 당 대표 출마를 못 하게 되었고 두 번의 총선에서도 출마하지 못하는 불이익을 감수해야 했다. 2022년 말 나는 대통령 특별 사면·복권으로 복권되었다. 그러나 이것이 참을 수 없는 모욕에 대한 완전한 해답은 아니다. 이제 그 해답은 내가 스스로 찾아야 한다.

'천당에서 지옥까지'라는 표현이 있다. 지난 시기 나의 영광과 시련의 전 과정에 가장 잘 어울리는 말 같다. 앞으로도 내 앞에 어떤 영광이 있을지 어떤 시련이 있을지 잘 모르겠다.
나는 지금 할 일이 남아 있다. 그 일은 시련 속에서 잠시 보류해 두었던 나의 생각을 기어이 실천하는 것이고, 그 일은 변함없이 나를 지지해 준 분들에게 그 지지가 틀린 것이 아니었음을 보여주는 것이기도 하다. 언제나 그랬듯이 나는 앞으로도 숨김없이 성북구민과 함께할 것이다.

민주당 대표 경선,
5일간의 짝사랑

　이 일을 고백하기란 참으로 힘들다.

　몇 번이고 쓰고 지우고를 반복하다가 부끄러움을 숨기면 더 부끄러워진다고 결심하고 내 마음속 찢겨진 작은 단면을 하나 고백한다.

　2013년 4월 7일 나는 민주당 당원들, 그것도 상처받고 상심한 당원들을 향해 나의 마음을 열고 '혁신대장정'이란 이름으로, 함께 가자는 취지의 민주통합당 대표 경선 참여를 뒤늦게 선언했다. 이로부터 예비 경선의 날인 4월 12일까지 5일 동안 나는 사랑의 마음을 전할 메시지를 가다듬고 손을 잡고 어깨를 기대며 함께 걸어갈 준비만을 생각하며 사랑의 구상을 가다듬었다. 두려움도 있었지만 내 마음의 진심과 사랑의 마음이면 못 이룰 것이 없겠다고 생각했다. 나의 넘치는 사랑과 열정은 출마를 함께 준비한 사람들에게도 전해졌다. 그들은 나에게 감응하여 늦어도 포기하지 말라고 했다. 이미 경쟁자들이 전국을 돌며 유세를 했던 상황이었지만 큰 문제가 없으며 본선에서 진심을 잘 보여주면 된다고 믿었다. 그렇게 우리는 귀가 막히고 눈이 가려졌으며 머리는 수증기처럼 타오르는 뜨거움과 열정으로 이성을 잃었다.

그러나 사랑하는 사람들에게 다가가기도 전에 말 한마디 해 보지도 못하고, 나는 예비 경선이라는 다리 앞에서 좌절했다. 하기야 4년을 원외로 지낸 내가 원내로 들어가자마자 당 대표 선거를 이길 수 있다고 생각한 것 자체가 무리였으리라. 나는 건너갈 다리도 배도 디딤돌도 없는 강가에 서서 "주류의 몰락인가?" 또는 "친노의 몰락인가?" 하는 조소적 신문 방송 보도를 들어야 했다. 오래전 2002년에 내가 그랬던 것처럼 다시 '다리'를 만들어야 했다.

그때의 내 마음을 표현해 보자면 짝사랑의 서글픔, 부끄러움, 안절부절 못함이라고 할 수 있을 것 같다.

죄송했다.

'헉' 소리를 지르며 예상 밖의 고배에 탄성을 지르던 사람들에게, 나의 뒤늦은 출마 때문에 주저하고 고뇌하던 사람들에게,

나의 출마를 조소하고 은밀히 또는 공공연히 비난의 말과 글을 주었던 사람들에게, 예선은 생각지도 않고 본선 구도에만 집중했던 참모들에게, 그리고 무엇보다도 상처받은 중앙위원들과 당원들에게, 나는 죄송할 뿐이었다.

그때 나는 그 죄송한 마음을 깊게 그리고 오래 간직하여 민주당이 부활하는 데에 작은 밑거름으로 쓰고자 했다. 그래서 나는 내 마음의 참사랑을 담아 내 수준에서, 내 범위 내에서 '혁신대장정'의 이정표를 다시 세우고 아주 낮은 곳에서부터, 작은 실천부터 2년 뒤의 경선을 다시 시작하겠다고 다짐했다. 내가 나 자신을 용서하는 데 긴 시간이 걸리지 않기를 기도하며.

서울의 봄과 광주항쟁

"80년 5월, 서울역 철수가 없었다면 서울항쟁이, 전국항쟁이 일어났을까?"

"연이틀의 시위가 신군부의 개입을 만들었을까? 서울역 철수가 신군부의 개입의 호기를 만들었을까?"

1980년 이후 내가 생각해 오던 의문들이다. 서울역 시위와 철수 이후 전국적으로 휴교령이 내려지고 군이 투입되었다. 휴교령이 내리면 각기 서울 4개 지점에서 모이자는 서울 지역 학생들의 약속에도 불구하고 정작 서울은 집결하는 데 실패하고, 광주에서는 출동한 계엄군에 정면 대항하는 항쟁이 일어났다. 어쨌든 광주항쟁은 서울역 철수를 더욱 초라한 것(또는 잘못된

▲ 1980년 서울역 철수 후, 유일하게 시위를 진행한 고대생들과 선두에 선 신계륜, 1980. 5. 16.

것)으로 만들어 버렸다. 더구나 서울역 시위 후 주요 수배자가 되어 있던 나는 광주의 사정도 모른 채 수배를 피해 고향인 광주에 내려가서 이 살육과 항쟁을 맞게 되었으니 운명이라고 해야 할 것 같다.

하늘에는 투항을 권유하는 삐라가 휘날리고 요란한 총소리와 함께 금남로 거리가 계엄군의 군화 소리로 가득 채워졌다. 항쟁의 본거지 도청을 계엄군이 점령하던 날, 광주시민들은 담 너머 골목으로 악령처럼 스며드는 계엄군의 모습을 육감을 동원해 느끼며 영원히 잊지 못할 그날 새벽을 맞이했을 것이다. 그리고 다시는 같은 하늘 아래 살지 않을 명백한 '적'들에 대한

굳은 맹세로 입술을 깨물며 소리 없이 울었으리다.

풀리지 않는 의문은 품고 사는 법이다. 그러나 그 의문만큼이나 강하게 나의 영혼을 거듭 깨우는 한 시민군의 이야기가 있다. 군의 진입이 목전에 다다른 시점에 시민군 윤상원은 나이 어린 젊은이들을 모아 총을 내려놓고 집으로 돌아가 살아남아서 이를 기록하고 전하라고 말하고 자신은 도청 안에서 불꽃처럼 산화했다. 그리고 그 후배들과 아들딸들은 시간을 넘어, 광주의 학살과 항쟁을 전국에 전했다. 광주의 진실이 널리 알려지며 6월항쟁의 바다가 만들어지고 뒤이어 정권 교체가 이루어졌다.

민주주의라는 긴 항로에서 모든 사람이 일직선으로 가지는 않는다. 그러나 시간은 때때로 지그재그의 선들을 한데 모으고 불멸의 새 항로를 개척하게 한다.

기억하자
'임을 위한 행진곡'

  5.18 36주년이 되던 2016년 5월, 나는 '임을 위한 행진곡'이 장엄하게 울려 퍼지는 가운데 '걸어서 평화 만들기' 회원들과 함께 언제나처럼 광주 국립5.18민주묘지를 참배했다. 광주항쟁을 기념하기 위해 나는 나 혼자 또는 여럿이 그리고 정치에 입문한 92년부터는 매년 당원들과 함께 집단으로 참배해 왔다. 광주항쟁은 내가 재야에서 민주화운동을 하고 정치를 하는 원동력이었기 때문이다.

  시민군 대변인이었던 윤상원 열사는 5월 27일 새벽 공수 부대의 도청 공격에 맞서 싸우다 장렬하게 전사한, 학생 출신의 가장 탁월한 5월 광주항쟁의 지도자였다. 박관현 열사는 80년 당시, 전남대학교 총학생회장이었으며 광주항쟁 이후 교도소에서 단식으로 생을 마감했다. 박기순은 전남대 출신의 노동운동가로 광주항쟁 이전에 세상을 떠났다.

이들 셋은 모두 이 지역의 대표적인 노동 야학인 들불야학의 일원이었다. 들불야학은 노동자와 함께하는 지식인들의 모임으로 시작되었으며 광주항쟁이 시작되자 최초로 《투사회보》를 제작 배포, 시민들에게 진실을 알리며 항쟁에 적극 참여했다. 들불야학이 당시 5.18 민주화운동과 이후 이 땅의 민주화를 위해서 얼마나 헌신했는지는 들불 7열사의 이름만 들어도 잘 알 수 있다. 그들이 중심이 되어 발행한 《투사회보》는 모든 언론이 통제되고 계엄군의 학살은 계속되며 시민들은 철저히 고립되는 숨 막히는 80년 광주의 상황에서 배포된 것이다. 시민들의 숨통을 열려고 사투를 벌였다는 사실 하나 때문이라도 우리는 들불야학과 《투사회보》를 오래 기억해야만 한다. 나는 박관현 열사가 세상을 떠난 후 그의 책을 내는 과정에서 들불야학에 대해서 알게 되었고 그들이 발행한 《투사회보》도 알게 되었다.

1982년 들불야학의 동지 박기순과 윤상원의 영혼결혼식이 거행되고 합장되었다. 이 자리에서 김종률 작곡의 '임을 위한 행진곡'이 헌곡되었다. 지금 국립5.18민주묘지에 가면 합장되어 있는 두 사람의 하나의 묘소와 묘비를 만날 수 있다. 그래서

'임을 위한 행진곡'은 5.18 민주화운동을 상징하는 우리나라의 대표적인 민중가요가 되었고 점차 일본, 대만, 필리핀, 홍콩 등 아시아 지역으로 퍼져 나가며 아시아의 민중가요가 되었다.

　광주항쟁이 북한의 조종과 선동으로 이루어졌다고 거짓 선동하며 신성한 광주항쟁의 노래 '임을 위한 행진곡'을 북한의 무슨 노래와 비슷하다 모함하며 제창하는 것을 금지해야 한다는 주장을 하는 사람들도 있다. 나는 '임을 위한 행진곡'이 또 다른 애국가로 인정되면 좋겠다. 민주주의를 이룩하는 과정에서 이 노래만큼 사람들의 심금을 울리면서 시대정신을 반영한 노래는 없기 때문이다. 애국가가 꼭 하나일 필요는 없다.

　반복적으로 금지곡으로 지정되었다가 지금은 프랑스 국가가 된, 프랑스 혁명기의 노래 '라 마르세예즈'를 상기해 보면 잘 알 수 있듯이 국가는 권력자가 지정하는 것이 아니고 국민이 정하는 그 시대의 상징이며 깃발이다.

중의무릇 속의 박관현과 5월 광주항쟁

2020년 말, 5.18 관련 3법이 국회 본회의를 통과하고 5월 단체들의 여러 움직임이 나타났다. 나도 나의 5월의 기억을 찾아, 5월보다 조금 이른 봄나들이를 광주로 나섰다. 책장 한편에서 한 권의 책을 바라보다 문득 생각나는 친구들이 있었기 때문이었다. 광주항쟁의 선봉에 섰다가 체포되어 광주교도소에서 오랜 단식 끝에 1982년 10월 12일에 사망한 80년 전남대 총학생회장 박관현 열사를 기리기 위해 책을 펴내려고 모였던 사람들, 임낙평, 조양훈 등이 생각났기 때문이었다. 그 책은 『광주의 넋 박관현』으로 사계절 출판사에서 출판되었다. 나의 집 옷장 가장 밑바닥 깊은 곳에는 어려운 시절 내가 들고 다녔던 그 책의 빛바랜 교정본 원고가 먼지 속에 잠들어 있다.

비디오 아트 작가인 이이남 작가가 만든 '무등의 빛'이라는 작품이 언제부터인가 설치되어 있는 광주 톨게이트를 지날 때는 『광주의 넋 박관현』과 '무등의 빛'이 같아 보이기도 했다. 담양으로 들어가자, 조양훈이 그의 아내와 단둘이 살고 있는 아담한 집이 동네 모퉁이 한쪽에 웅크리고 있었다. 잘 키운 아들들의 사진 너머 오래전에 정치권을 떠나 살아온 그의 흔적들이 그 집의 간판 '우리식물연구소'만큼 호박처럼 투박하게 보였다.

광주항쟁의 기록자이자 증인인 그는 언제부턴가 전국의 산하를 떠돌며 벼과와 사초과 식물을 중심으로 식물 채집을 한다고 했다. 그렇게 그는 한반도의 산하에서 이름 없이 피고 지는 미기록 식물을 찾아 '물그렁', '애기개울미', '들겨이삭' 같은 예쁜 이름을 붙여 주었다. 작은 그의 앞뜰에는 그가(또는 그의 아내가) 심어 놓은 것으로 보이는 '중의무릇'이라는, 잎이 아주 작은 꽃이 피어 있었다. 아마 한반도 구석구석을 떠돌며 이름 없는 꽃에 이름을 주면서 그는 전두환의 계엄군에 맞서 싸우다 산화한 이름 없는 민주의 전사들을 생각했을지도 모르겠다.

5월 광주항쟁의 정신은 이제 5월에만 있지 않고 1년 내내 항상 깨어 있으며, 광주에만 있지 않고 한라산에서 태백산맥을 따라 백두산에 이르기까지 대를 이어, 오히려 이름 없는 잡초 속에서 별빛처럼 반짝반짝 다시 태어나면서 새로운 세대와 함께

이 나라 민주주의의 토양을 만들고 있다.

▲ 조양훈의 집 마당에 피어 있는 '중의무릇'

치열한 경선을 통해
죽을 만큼 단련되어라

2017년, 민주당은 대통령 후보를 완전국민경선을 통해 선출하기로 결정하고, 거기에서 더 나아가 1위 후보가 50%를 넘지 않을 경우 2위 후보와 결선 투표를 하도록 규정했다. 오랜 당원들의 불만도 있었지만 19세 미만자와 공무원을 제외하고 대한민국 국민이라면 누구나 민주당 경선에 참여할 수 있게 규정하고 시작된 민주당 대통령 후보 경선은 새롭고 좀 더 진화된 정권 교체의 길을 활짝 열었다.

역선택의 우려에도 불구하고 국민경선제를 채택한 것은 그 과정에서 악의의 역선택보다는 선의의 당 외연 확장의 이익이 더 크리라고 판단했기 때문이었다. 실제로 국민선거인단의 참여가 시작되자 민주당의 지지율이 아주 크게 상승하면서 민주당 후보끼리 1위와 2위를 차지하는 놀라운 여론 조사의 결과가 나왔다.

나는 국민경선제가 더 성공하려면 특정한 조직의 활동에 의해 이루어지는 선거인단 확대라는 제한적 의미를 뛰어넘어야 하며, 국민이라는 바닷속에 민주당의 운명을 과감히 맡기는 자발적인 선거인단의 형성이 시작되어야 한다고 생각한다. 무명의 시민들이 하나하나 모여 거대한 바다가 되듯이, 지역도, 세대도, 빈부도, 진보나 보수도, 하나의 공통된 목표로 더 진화된 정권 교체를 향해 서로를 잇는 선이 되면 대한민국의 새로운 지도가 그려지게 될 것이다.

완전국민경선이라는 터전 위에서만 진화된 정권 교체에 동의하는 모든 세력이 제한 없이 참여하고 연대하는 것이 가능하다. 기존 질서의 대립과 갈등이라는 낡은 정권 교체가 아니라 기존 질서의 자연스러운 해체를 통한 통합과 연대라는 새로운 정권 교체가 이루어지는 것이다.

이것이 촛불의 의미였다. 누가 시켜서가 아니라 좀 더 진화된 정권 교체를 위해 스스로 국민경선의 바다에 몸을 던지는 것이었다. 그러므로 민주당은 작은 부작용을 염려하지 말고 이를 최소화하기 위해서라도 국민경선단의 참여를 무제한적으로 고

무해야 하며, 그 의미를 '민주당을 딛고 일어서는 국민의 선택'으로 정의해야 한다고 생각했다.

한명숙 전 총리는 나에게 "한 가지 다행인 것은 민주당의 경선이 흥미진진해지고 있다는 점입니다. 누가 되든 치열한 경쟁을 통해 걸러졌으면 합니다. 경선을 통해 죽을 만큼 단련되어 누가 물어뜯어도 이빨이 안 들어가는 사람으로 담금질되었으면 좋겠습니다."라는 내용이 담긴 서신을 보냈었다. 무제한의 국민 참여와 치열한 경선을 이루어 내는 것이야말로 민주당이 주저 없이 해야 할 일이었다.

박근혜 대통령을 내세워 보수의 기치를 내걸었던 사람들이 누구인지 이제 모든 사람들이 알게 되었다. 그들은 보수의 가면을 쓴 파시스트이며 역사를 뒤로 가게 하려는 허황된 환상에 사로잡힌 몽상가들의 집단이었다. 그들은 세월호 정국을 호도하려고 야당 탄압의 사정을 지시한 사람들이고 블랙리스트를 만들어 민주주의의 근간을 흔들어 놓은 사람들이었다. 그들을 옹호하는 세력과는 타협 없는 대결이 불가피했다. 그들의 진상을 확인하고 그들로부터 등을 돌리고 촛불 민심에 동의한 사람이라면 누구라도 더 진화되고 발전된 새로운 정권 교체에 참여할 권리가 있었고 의무도 있었다.

너도 나도 참여하여 새로운 정권 교체를 국민의 선택으로 이룩하고 싶었다. 2017년의 경선과 2021년의 경선 역시 국민경선으로 진행되었다. 앞으로도 이를 이어갈 것이다.

사회적 경제
—캐나다 크리스 도브잔스키 강연

 2015년 10월, 캐나다 밴시티 신협을 이끌고 있던 크리스 도브잔스키의 강연이 열렸다. 전국 사회연대경제 지방정부협의회의 주최로 국회의원회관에서 열린 강연이었는데, 나도 기대를 가지고 참석했다.

 크리스 도브잔스키는 강연을 통해 일반 은행과 신용협동조합의 차이에 대해 설명했다.
 일반 은행이 국제적 영업, 대기업 대상, 주주 소유, 주주에 의한 의사 결정, 사적 이익 추구의 조직 운영, 주식 시장과 밀접한 관계, 연방 정부에 의한 관리 감독, 리스크가 큰 자금 운용, 주주들의 지분들로 이루어진 자본, 채권등급평가, 금융 시장으로부터 차입 등을 특징으로 하고 있는 반면, 신용협동조합은 지역적 영업, 지역사회와 중소기업 대상, 조합원 소유, 조합원에 의한 소유 경영, 협동조합 원칙에 의한 조직 운영, 주식 시장과 무관한 운영, 주 정부에 의한 관리 감독, 리스크가 낮은 자금 운용, 자본의 대부분을 유보 이익으로 수성, 채권등급평가 없음, 지역연합회로부터 차입 등의 특징을 잘 설명해 주었다.

나는 강연이 끝나고 질의응답이 진행되는 동안 자리에 앉아 이런 생각을 했다. 우리는 거대자본과 대기업 경제에 비판을 하면서도 이에 대응하는 비판적이고 대안적인 실천이 너무 부족했던 게 아니었을까. 우리는 비판을 곧잘 하면서도 "그래서 어쩌라고." 하는 말은 너무 오랫동안 무시하고 지나가지 않았는가. 경제 민주화도 대안을 가진 실천이어야 하며 사람들은 그때 비로소 그 정책을 지지하게 된다는 생각이 깊이 박히는 순간이었다.

낙산사, 부엉이, 노무현 대통령

　가끔 설악산의 신비한 기운과 동해 바다의 아우성이 느껴지는 낙산 해변을 걷고 싶어질 때가 있다. 2020년 4월 25일, 양양으로 갔던 나는 낙산 해변을 거쳐 낙산해수욕장 북쪽 언덕에 우뚝 서 있는 낙산사에 들어갔다. 홍련암에 들어가는 길에, 의상대 아래 절벽에 수리부엉이가 둥지를 틀고 얼마 전에 낳았을 새끼를 품고 있는 모습을 보았다. 이후 보타전에 들어가서는 2시간가량 기도하며 불상의 먼지를 닦던 권미옥 의원의 고뇌를 깊게 느꼈다.

　노무현 대통령의 서거 이후 어지러운 시기, 나는 낙산사 내의 길을 따라 정념 스님의 안내로 보타전에 모셔진 노무현 대통령의 외로운 영정을 보았다. 그로부터 지금까지 노무현 대통령의 영정은 그 자리에 그대로 있다. 나는 정념 스님에게, 일부 신도들의 반대에도 불구하고 노무현 대통령의 영정이 왜 여기에 아직까지 있는지 묻지 않았다. 그냥 그렇게 그 자리에 있으면 되는 것이라고 생각했을 뿐이었다. 그때 나는 수리부엉이가 새끼를 품은 것을 봤을 때처럼 노무현 대통령 영정이 주는 새로운 편안함이 내 몸에 찾아드는 것을 느꼈다. 손님들이 오가는 문간방에 놓인 투박한 장롱처럼, 낙산사에 모셔진 영정은, 보타전의 부처님 그리고 기도하는 신도들과 오묘한 조화를 이루고 있었다. 영정 속의 노무현 대통령은 웃고 있었다.

  시냇물이 흐르듯, 수리부엉이가 새끼를 품듯, 그곳의 사람들은 세월 따라 너나없이 함께 흘러가고 있었다.

▲ 낙산사 바위 위에 새끼를 품은 수리부엉이

윤이상 묘소 참배,
김정숙 여사

문재인 대통령의 영부인 김정숙 여사가 독일을 방문하는 동안 베를린의 윤이상 묘소를 참배하는 사진을 조용히 바라본다. 2013년경 윤이상평화재단의 이사장을 맡고 있던 나는 박근혜 정부의 블랙리스트에 올라 은밀히 관리되었다. 그로부터 3년여가 지난 2017년경에야 그 사실을 알게 된 나는 오싹한 기분을 느꼈다. 세계적인 작곡가인 윤이상의 음악은 그가 태어난 우리나라의 음악과 서양 음악을 융합시켰다고 평가받는데, 사실 처음 들어보면 상당히 난해하다. 그러나 반복해서 들으면 들을수록 오묘하며 자꾸만 다시 듣고 싶어진다. 그의 부인인 이수자 여사는 남편이 과거 박정희 정부 때 국가보안법 위반으로 투옥되는 수모를 겪었고 남편과 함께 국외로 추방되는 슬

품을 겪었다. 하지만 노무현 정부 들어 설치된 '국가정보원 과거사건 진실규명을 통한 발전위원회'가 사건이 왜곡되었으며 재심을 권고한다는 결론을 내렸다. 그러자 이수자 여사는 주저 없이 다시 조국 대한민국을 택했다. 그녀가 그런 선택을 한 것은, 그녀가 고향을 너무 그리워했고 그동안의 모진 고초 속에서도 조국의 민주화를 응원했으며, 민주화된 대한민국을 믿었기 때문이라고 생각한다. 통영에서 딸 윤정과 함께 사는 이수자 여사를 찾아갈 때마다, 나는 남편을 향한 이수자 여사의 끝없는 사랑과, 내면에서 풍겨 나오는 고결함을 느낀다.

이제 지난 시기 낡은 이념의 잣대로 우리나라가 낳은 세계적인 음악가의 음악적 성과를 정치적으로 폄하하는 잘못을 반복하지 말아야 한다. 우리 민주주의의 수준에 맞게 문화, 정치 등의 여러 영역에서 수준 있는 조화와 균형을 찾아 나가야 한다. 그런데 우리나라가 낳은 세계적인 음악가가 독일의 공동묘지에 묻혀 그가 사랑하는 고향 대한민국에 돌아오지 못하던 것은 부끄러운 일이 아닐 수 없었다. 결국 윤이상 선생의 유해는 베를린 가토우 공원에 묻힌 지 23년 만인 2018년 3월 그의 고향인 통영에 안장됐다. 그 이름에 힘입어 우리나라에서는 드물게 세계적인 권위를 갖추며 동양의 우수한 작곡가를 발굴해 나갔음에도, 윤이상국제작곡상이 박근혜 정부 들어 예산 지원 중단으로 인해 몇 년 동안 중지되고 말았던 것도 부끄러운 일이다. 이수자 여사가 노무현 정부의 권유로 귀국한 후 연이은 극우 단체의 시위와 항의로 받은 고초와 시련 또한 떠올리기 싫은 부끄러운 일이라고 하겠다. 적고 보니 나를 포함해서 여러 사람이 부끄러운 일이 참 많았다.

죽어서나마 그의 유해는 그가 그토록 바라던 조국 대한민국으로 돌아왔다. 독일의 윤이상 가옥(현 윤이상 하우스)은 분단된 조국의 통일을 소망하며 작곡에 열중한 윤이상을 기리는, 독일에 위치한 대한민국 명소로 만들어야 하며 통영국제음악제는 윤이상 음악제로 바꾸어 통영을 '음악을 사랑하는 세계 각지의 사람들이 모이는 윤이상의 고향'으로 만들어야 한다.

나는 음악뿐만 아니라 문화의 여러 영역에서 국가의 지원을 빙자한 관여나 간섭이 자초한 파멸적 결과를 잘 알고 있다. 그러므로 앞으로 대한민국 안에서 윤이상 음악의 복원과 해석도 민간이 중심이 되어 음악인들 스스로 이루어야 할 일이라고 생각한다. 그럴 때 우리의 음악이 무한한 시간과 공간으로 확장되고 창조의 신화를 거듭해서 만들어 나가 우리 민주주의를 풍요롭게 할 것이다.

인간과 바이러스의 공존

『판데믹 히스토리』는 장항석 연세대 의대 외과학 교수가 코로나가 유행하기 전인 2018년에 쓴 책의 제목이다. 어느 자리에서 만난 장 교수는 놀랍게도 남북문제나 '걸어서 평화 만들기' 같은 다소 정치적인 주제에 공감을 표시했다. 나중에 그의 책을 보고 나서야 그가 단순히 뛰어난 의술의 소유자가 아니라는 것을 알았다. 그는 해박한 역사 인식과 풍부한 인문학적 상상력뿐만 아니라 자신의 생각을 쉽게 표현할 수 있는 능력까지 갖춘 사람이었다.

'질병이 바꾼 인류 문명의 역사'라는 부제가 말해주듯 생명체의 역사와 함께한 질병, 특히 바이러스에 의한 질병의 역사를 새삼 보게 된다. 이 책을 보면 역사적인 사건의 이면에는 질병의 역사가 있었다. 대표적인 예로 제1차 세계 대전 말기에 발생한 스페인 독감으로 죽은 사람이 전쟁에서 죽은 병사의 3배가 된다고 한다. 일제하 조선 반도에도 이 독감이 유행하여 조선인 15만이 사망했다고 밝히고 있기도 하다.

스페인 독감과 같이 코로나19를 일으킨 것은 세균이 아니고 세균보다 훨씬 작은, 생물과 무생물의 중간 형태이며 세포에 들어가서 기생해야만 생명 활동을 하는 바이러스라고 한다.

늘 궁금하다. 어떤 조건에서만 이 같은 질적인 전환이 일어날까. 어떤 기온, 어떤 충격, 어떤 환경에서 일어나는 것일까. 138억 년 우주의 시간, 46억 년 지구의 시간에 비하면 이 지구상에 생명체가 나타난 시간은 미미한 시간이지만, 바이러스는 생명체가 존재하는 때부터 생명체에 기생해 왔다고 생각하니 더욱 놀랍다. 생명체와 바이러스는 똑같이 우주의 어떤 조건, 지구의 어떤 조건에서 생겨났고 어쩌면 지금도 생겨나고 있을 것이므로 생명체가 존재하는 한 바이러스의 박멸은 불가능한 것은 아닌가. 하나의 바이러스를 극복했다고 하면 조금 변형된 바이러스가 생겨나는 것을 멈출 수 없는 이유는, 그것이 생명의 법칙이기 때문일 것이다. 아마도 모든 생명체가 없어지면 바이러스도 사라질 것이다.

그러므로 인간과 바이러스가 서로 공존하는 환경과 질서를 만들어 내는 것이 의학적 치료이며 인간의 숙명 아닐까. 바이러스가 인간의 생명을 앗아가지 않도록 순치되거나 인간이 내성을 갖도록 진화하거나…….

뭉치면 죽고
흩어지면 산다

　코로나에 대해 "뭉치면 죽고 흩어지면 산다."라는 문자를 보낸 어느 기자에게 나는 지독히 어려운 시절 우리끼리 유행했던 단어 "산개전"이라는 응답을 보낸 적이 있다. 산개전이란 80년대, 90년대 민주화운동 시절 당시 살벌한 수사망에 한 사람이 체포되었을 때, 그와 접촉한 사람이 모두 고구마줄기처럼 걸려드는 것을 피하기 위해 흩어져 독자적으로 생존하며 투쟁하는 극단적 전술을 말한다. 밤과 낮을 가리지 않고 보이지도 않는 코로나는 그 시절 정보원과 똑같지 않은가.

　2020년, 체육관을 닫아 매일 하던 운동을 중단한 지 얼마 되지 않아 체중이 3kg이나 늘었다. 마음은 어서 일상으로 돌아가자고 다짐하고, 유령처럼 갑자기 사라진 손님을 마냥 기다리는 동네 식당 주인의 넋 빠진 모습을 보고 더욱더 일상으로 돌아가자고 또 다짐했다. 하지만 좋아하는 동네 목욕탕의 찜질방에 언제부턴가 나 홀로 앉아 있다는 사실을 문득 알고부터는 내 마음속에 불안함이 들어앉고 있다는 사실도 알게 되었다.

 모두 참고 있었다. 모두 기다리고 있었다. 그리고 모두 분노를 가라앉히면서도 그 분노의 기억을 하루하루 쌓아가며 있었다. 그러나 조용했다. 그다음이 두려웠다.

 바다낚시를 좋아하는 나는 태풍 예보가 있던 어느 날 낚시 핑계를 대고 바닷가에 간 적이 있다. 아직 태풍이 영향을 미치기 전, 폭풍전야의 고요한 바다를 바라보면서 일던 오묘한 기대감과 두려움의 숨 가쁜 교차를 기억한다.

 코로나를 국민의 지혜와 힘으로 하루빨리 퇴치해야 했는데, 더 중요한 것은 그 과정과 결과가 국민 분열을 심화시키는 방향이 아니라 국민 통합을 촉진시키는 방향으로 나가야 하는 것이 아닐까 생각했다. 그것은 피해의 크고 작음의 문제가 아니었다. 재난 극복 재원의 많고 적음의 문제도 아니었으며, 너나 없는 고통의 분담과 재난 극복 재원의 섬세하고 공평한 분배를 통해 이루어지는 국민적 동의와 이해의 일치를 추구하는 것이라고 생각했다. 국가 간 전쟁이 일어나도 국민이 통합되는 나라는 전쟁에서 이기고 국민이 분열하는 나라는 전쟁에서 진다. 통합은 정부와 정치권의 몫이다.

오늘의 적막과 고요함은 내일의 결정적인 격랑의 징후이지만, 이후에 오는 불가피한 격랑은 받아들이기에 따라 늘 나쁜 것은 아니며 때로 시원하고 상쾌한 파괴와 새 생명의 원천이 된다.
"지금은 흩어지지만 다음은 더 강하게 뭉친다."

코로나 시국이 종결되었다고 봐도 좋을 지금, 우리는 되돌아봐야 한다. 재난 극복은 국민적 동의와 이해의 일치하에 이루어졌는가. 우리 사회는 통합되었는가, 분열되었는가. 진지하게 성찰하고 반성해야 할 지점이다.

대통령과
비서실

  14년 전인 2009년 4월 8일부터 나는 6.15 선언과 10.4 선언 이행을 촉구하며 '한라에서 백두까지, 걸어서 평화 만들기'라는 이름으로 한반도 국토 종단을 여럿이 함께하고 있었다. 그런데 국토 종단 46일째인, 5월 23일 아침, 비가 조금 내리는 듯한 날씨 속에서 라디오를 통해 노무현 대통령의 서거 소식을 들었다.

  그로부터 14년이 지난 2023년 6월 17일, 나는 다시 걸어서 평화 만들기 회원들과 함께 봉하로 가서 노무현 대통령 묘소에 참배하고 이곳저곳을 둘러보았다.

  그러다가 문득 나는 노무현 대통령 당선인 비서실장과 인사

특별보좌관을 하면서 노무현 정부의 초대 내각 구성과 청와대 비서진 인선에 동분서주할 때 있었던 일이 생각났다. 이후 내 인생에 아주 중요한 영향을 미치게 되는, 내가 내린 한 판단에 관한 것이다.

▲ 김대중 대통령, 노무현 당선인과 함께

노무현 대통령 후보의 비서실장이었던 내가 당선인 비서실장과 인사특별보좌관으로 임명되었을 때, 주변에서 내가 노무현 대통령의 초대 비서실장이 되는 것이 당연하다는 분위기가 형성되었다. 그런 분위기 속에서 나는 청와대 비서실 인선의 원칙과 같은 것을 정리하고 당선인과 공유해 오고 있던 터라 그 즈음 나의 거취에 대해 밝히지 않을 수 없었다. 나는 다음과 같은 요지의 말을 노무현 대통령 당선인에게 했다.

"대통령 비서실은 대통령과 운명을 같이해야 합니다. 대통령 비서실장이나 비서실 주요 인사가 자신의 정치를 해서는 안 되기 때문입니다. 이제 선거는 끝났고 함께 일할 장관이나 청와대 실무진도 마무리되고 있으니 저는 이쯤에서 물러나고 제 길을 가겠습니다."

노무현 대통령 당선인은 이를 담담하게 받아들이는 것 같았다. 나는 '노무현 대통령의 비서실은 대통령과 운명을 같이해야 한다는 나의 소신'을 강조했던 것이었고, 비서실과 내각의 인사 문제로 여러 의견을 듣고 있던 노무현 대통령 당선인의 마음을 편하게 해주리라고 믿었다. 만약 노무현 대통령 당선인의 생각이 나와 달랐다면 바로 반론을 펼쳤을 텐데, 듣기만 한 것으로 보아 그때는 그렇게 여겼을 것이라고 생각했다.

노무현 대통령 당선인은 그러면 비서실장으로 누가 좋겠냐고 물었다. 나는 문희상 의원을 추천했다. 그 이유는 문희상 의원의 경험과 경륜이 청와대가 추진할 개혁의 안정성을 지탱해 줄 것으로 믿었기 때문이었다. 이어 노무현 대통령 당선인은 문희상 의원이 자신의 정치를 포기하겠느냐고 물었다. 나는 내가 가서 물어보겠다고 말한 후 문희상 의원을 만나 출마를 포기하고 비서실장을 맡아 줄 수 있는지 물었다. 문희상 의원은 당연하다고 대답했다. 그리고 문희상 의원은 노무현 대통령의 초대 비서실장이 되었다.

  그 후, 몇 년이 흘러 노무현 대통령의 임기가 1년 정도 남았을 때, 유력 정치인이었던 한 인사가 노무현 대통령을 만나고 난 뒤에 나를 찾아왔다. 그는 나에게 혹시 대통령을 서운하게 한 적이 있냐고 물었다. 나는 아무리 생각해도 대통령을 서운하게 한 적은 없는 것 같다고 말했다. 더구나 내가 후보 비서실장의 임무를 마치고는 대통령을 자주 만나지 않았기 때문에 서운할 일도 없을 것이라고 답했다. 다시 그는 내가 당선인 비서실장과 인사특별보좌관을 마칠 때, 대통령에게 무슨 말을 했느냐고 물었다. 나는 앞으로 청와대 비서실은 대통령과 운명을 같이해야 하며 내각과 비서실 인사도 마무리되었으니 나는 내 길을 가겠다고 말했는데 그게 왜 서운한 일인가 물었다. 그는, "만약 형님이 나를 형님 비서실장으로 와 함께 일하자고 하는데 내가 '이제 제 길을 가겠습니다.' 하면 서운하지 않겠어요?"라고 목소리를 높였다.

  나는 잘못된 선택을 했다. 여러 사람이 원하는 자리니 내가 빠져도 된다는 고상한 변명도 나의 길을 가겠다는 나의 태도도 이해될 수 없는 것이었다. 나는 이것을 인정하지 않을 수 없었다. 대통령의 길이 곧 내 길이라는 생각, 그래서 대통령이 잘못되면 내 길도 없다는 생각을 하지 못했다. 그 후에 나에게 일어난 일들을 생각해 보면 더욱 그렇다. 물론 대통령 비서실은 대통령과 운명을 함께해야 한다는 생각에는 변함이 없다. 대통령 비서실의 주요 인사가 청와대 안에서 보이지 않는 자기 정치를 하면 안 되는 것이 자명한 것 아닌가. 다만 내가 노무현 대통령의 입장에서 생각해 보지 못했다는 사실이 못내 마음에 걸릴 뿐이다.

민주주의자 김근태

　모두가 선배라고 부르던 김근태 선배는, 말 그대로 선배 같은 사람이었다. 나는 1980년대 이후 계속 노동운동에 주력하고 있어서 공개운동에 주도적으로 일하던 김근태 선배를 직접 만나지는 못했다. 내가 김근태 선배와 일하게 된 것은 노동운동을 대표해서 80년대 후반 전국민족민주운동연합에서 일하게 되면서부터였다. 그때부터 나는 김근태 선배라고 부르지 않고 근태 형이라고 불렀다. 근태 형이 정책실장으로 있을 때 나는 부실장이라는 직함으로 장준영, 이인영 등의 탁월한 일꾼들과 함께 일하게 되었다. 이 두 사람은 그 당시에도 그랬지만 지금도 근태 형을 가장 잘 아는 사람들이라고 믿는다.

그 후 91년, 나는 3당 합당 후 위기의식을 강하게 느껴서 당시 남아 있던 유일한 야당 대표인 김대중 평민당 총재와 함께 야권 통합에 나서면서 전민련 활동을 중지했다. 내가 전민련 활동을 중단하고 야권 통합운동에 나설 때 정작 민주연합론을 펼쳐 왔던 근태 형은 수감되어 있었다. 나는 근태 형을 면회하며 야권 연대와 통합의 길에 대해 상의했다. 근태 형에게 김대중 총재의 의사를, 반대로 김대중 총재에게는 근태 형의 의사를 전하기도 했다.

92년 8월 나는 민주당 소속의 국회의원 신분으로 근태 형의 출소를 맞았다. 95년 정계 은퇴에서 복귀한 김대중 총재가 새정치국민회의를 창당하자 나와 근태 형은 다 같이 새정치국민회의를 선택했다. 근태 형이 입당하기 전에도, 나는 퇴근할 무렵이 되면 미아사거리 근처에서 근태 형을 정기적으로 만나 근태 형의 입당과 입당에 따른 여러 문제를 상의했다. 96년 총선에 출마해야 하는 사람들의 명단도 있었고 나는 그 명단을 받아 김대중 총재에게 전달하는 일도 했다. 그중에는 96년 총선에 출마한 사람도 있고 출마하지 못한 사람도 있다. 근태 형의 뜻이 그다지 많이 반영되지 못한 것으로 기억한다.

96년 총선에서 근태 형은 당선되고 나는 재선에 실패했다. 이후 근태 형은 '경제민주화와 평화통일을 위한 국민연대'를 이끌며 민주당 내에서 재야 출신들의 존재 이유를 밝히려고 꾸준히 노력했다. 2000년 총선에서는 나도 근태 형도 재선을 기록하며 함께 활동했다.

 2002년 초 나의 후원회 행사에 당시 민주당 대선 유력 후보였던 근태 형, 노무현 상임고문, 이인제 의원, 정몽준 의원 등이 함께 참여했다. 먼저 연사로 나온 노무현 상임고문은 나의 후원회라는 행사의 성격에 개의치 않고 처음부터 자신이 하고 싶은 말을 거침없이 토해냈다. 그는 먼저 "민주당 인기가 땅에 떨어졌는데 이대로 가다가는 신계륜 의원도 다음 총선에서 물에 빠질 지경이다."라고 말하여 장내를 썰렁하게 만들었다. 이런 분위기에 다소 당황한 표정을 짓던 노무현 상임고문이 "그래도 신계륜 의원이 있으니 민주당을 구할 수 있다."라고 말하며 분위기 반전을 시도했다. 그러면서 설명을 하려면 길게 해야 하는데 좋은 잔치 분위기 깰까 걱정된다고 말하면서도 이회창 대세론은 아무런 실체가 없으므로 민주당은 패배주의를 극복해야 하며 이회창의 영남 지역 지지 기반을 흔들고 개혁 세력이 합해지면 충분히 이길 수 있다는 요지의 말을 했다. 노무현 상임고문은 자신만이 이회창의 영남 지지 기반을 흔들고 개혁 세력의 힘을 모을 수 있다고 말하고 있었다.
 반면에 근태 형의 연설은 잔잔했다. 자신의 주장은 한마디도

안 하고 "신계륜 의원은 참 좋은 사람입니다. 좋은 사람, 좋은 정치인이 틈을 잇는 다리가 되겠다고 했습니다. 신계륜 의원이 21세기 정치 리더로 나서기 위해 4월 27일 최고위원 경선에 나가기로 한 의미를 격려하며 저도 함께하겠습니다."라는 요지의 말을 했다. 두 사람의 연설은 그들의 성격 차이를 단적으로 보여주고 있었다.

▲ 신계륜 지지 연설을 하는 김근태 의원

그리고 2002년 대통령 후보 경선에서 근태 형은 초반에 너무 저조한 기록을 보이자 중도 사퇴했다. 그날 경선장에서 내가 본 근태 형의 피곤한 모습은 오랫동안 내 머릿속에 남아 있다. "이렇게밖에 못 나오다니."라고 말하며 빠른 걸음으로 밖으로 나가던 모습 말이다.

이후 나는 노무현 후보가 나에게 후보 비서실장을 맡아 달라고 요청하자 근태 형과 몇몇 분들에게 수락할지에 대해 의사를 물었다. 그는 당연히 가야 한다고 말했다. 대선 선거운동 기간 중 어느 지역인지는 잘 기억이 나지 않지만, 노무현 후보와 나는 같은 차를 타고 유세장으로 가고 있었다. 후보가 유세장에 도착하는 시간을 조정하는 것은 매우 민감한 일이라서 나는 언제나 후보가 유세장에 도착하기 전에 유세장에 전화를 걸어, 먼저 연설하고 있는 사람이 누구인지 확인하고 찬조 연설자가 후보의 도착 때문에 발언에 방해받지 않도록 세심하게 시간을 조정한다. 그날 유세장에는 때마침 근태 형이 연설하고 있었다. 노무현 후보와 나는 차에서 바로 내리지 않고 유세장 근처를 천천히 돌면서 근태 형의 연설이 끝나기를 기다리고 있었다. 근태 형의 목소리가 성능 좋은 마이크를 타고 차 안에까지 생생히 들려왔다.

한참을 듣고 있던 노무현 후보가 "내 이야기는 안 하고 자기 주장만하고 있네."라고 말해서 나는 한참을 생각하다가 "그게 김근태 선배의 존재 이유입니다."라고 말했다. 그러자 노무현 후보가 "신 실장님도 김근태 편인가."라고 말해서 "저는 노무현 후보 비서실장입니다."라고 대답했다.

나는 당시 재야 출신 의원들이 김근태 지지, 노무현 지지로 갈라지는 것을 단순한 대선 후보 지지의 갈림 이상으로 보고 걱정하고 있었다. 어쨌든 머리는 근태 형을 지지하고 몸은 노무현 후보로 갔던 나의 곤란함과 지지 후보의 갈림 현상은 기존 정치인과 크게 다르지 않은 재야 출신 의원들의 정치철학의 빈곤에서 기인되기도 했다.

이후 나는 고문의 후유증으로 근태 형이 치료를 받고 있던 한 한의원에서 치료를 받게 되었다. 나의 건강보다는 그즈음 병세가 악화된 근태 형이 걱정이 되어서 치료를 핑계로 근태 형의 얼굴을 자주 보고 싶었는지 모른다. 나도 잘 아는 그 한의사는 성심을 다해 근태 형을 치료했다. 상태가 좋아지는 듯하던 근태 형은 결국 2011년이 다 저물기 전에 세상을 떠났다. 나는 형을 민주주의자 김근태로 부르자고 말했다.

독버섯이 되어

2014년 6월부터 2015년 1월까지 김영한이 박근혜 정부의 민정수석을 맡고 있었다. 그는 민정수석으로 있던 2014년 시기의 청와대 수석 회의를 메모 형태의 기록(비망록)으로 남겨 놓았다. 그가 청와대에서 물러나고 지병으로 사망한 후 그 비망록이 일부 공개되며 큰 파문을 일으켰다. 그 안에는 청와대 수석 회의의 내용과 김기춘 비서실장의 지시 사항 등이 날짜별로 들어 있었는데, 그 내용이 보는 사람의 눈을 의심하게 하는 충격적인 수준이었기 때문이다. 비망록에는 과거 유신 시대에나 어울리는 김기춘의 역사관, 정치관에 대한 강의 수준의 지시 사항이 그대로 담겨져 있었다.

김영한의 2014년 7월 4일 비망록에는 "사정 활동 강화"라는 제목하에 "정권, 대통령 도전, 두려움을 갖도록" 하라는 김기춘 비서실장의 믿기 어려운 지시를 기록하고 있고, 이어 그 대상을 "독버섯처럼 자란 (DJ, 노무현 정부) 인사"라고 명시하고 있었다. 그리고 그날 이후 김영한의 비망록에는 입법로비 혐의로 두려움을 갖게 해야 할 "독버섯" 민주당 의원 25명의 이름과 돈의 액수(일부)가, 나를 필두로 2014년 7월경부터 11월경까지 차례차례 등장하고 있었다. 입법로비 혐의 이외에 다른 혐의의 의원 이름까지 합하면 민주당 의원만 30여 명에 이르고 있었다.

  물론 입법로비라는 혐의로 자행된 박근혜 정부의 DJ, 노무현 정부 인사들에 대한 사정 지시와 연이은 수사는, 나에 대한 구속영장 청구가 기각되면서 그 예봉이 꺾였다.

  세월호 참사로 궁지에 몰릴 대로 몰린 당시 청와대는 90년대식 독재 정권의 낡은 공안 통치 수법을 위기 극복 수단으로 빼어 들었던 것이다. 그러나 나는 그런 사실을 알지 못했다. 다행히 촛불혁명의 영향으로 2017년 무렵 박근혜 정부가 작성한 블랙리스트의 존재와 함께 김영한 비망록의 존재도 언론에 보도되기 시작하자, 나는 김영한 비망록의 일부를 알게 되었고 나에 대한 수사가 그렇게 시작되었음을 비로소 알게 되었다. 이 같은 사실이 세상에 알려지기 시작한 2017년 무렵의 시기는, 이미 나에 대한 재판의 사실 심리가 끝난 뒤였으므로 법률적으로 어떻게 대처할 수가 없었다.

왜 기소되었는지 알지도 못하던 재판이 끝나자 나는 단단히 결심하고 준비하던 당 대표 출마는 물론, 두 번이나 총선에도 출마하지 못하는 불이익을 받았다. 그 과정에서 문재인 정부가 들어서자, 나는 김기춘 대통령 비서실장이 청와대 수석 회의에서 DJ, 노무현 정부 인사들에 대해 '독버섯'이라고 발언한 것과 사정 지시를 내린 것은 명백한 불법이므로 조사해서 진상을 규명할 것을 요구했지만 이 문제를 조사했다는 소식은 듣지 못했다.

그러나 2020년 10월 9일 공영 방송 KBS는 '시사 직격'이라는 프로그램을 통해 김기춘의 청와대 하명 사정 지시와 그에 따른 입법로비 수사 전반에 강력한 문제 제기를 했다. 그해 10월 16일에도 한명숙 총리 사건과 함께 다시 방영하여 검찰 수사의 문제점을 더욱 명료히 공개했다. 이후 김어준의 '다스뵈이다', 이동형의 'The War 룸' 등 개인 방송이 나서 보다 신랄하고 직접적으로 검찰 수사를 비난했다.

나는 문재인 정부의 사정 당국이 무슨 사정이 있어서 이 같은 엄청난 발언과 사정 기록을 남긴 김영한 비망록에 대해 아무 일도 하지 못했는지 알 수 없으나, 일부 언론이 뒤늦게나마 이 일에 대한 기록을 남겨두게 되어 다행스럽게 생각한다. 나는 지금도 시장에 나가 버섯이라도 보면, 그놈의 '독버섯'이라는 발언이 생각나 모골이 송연하다.

블랙리스트

우리나라 산업화, 민주화의 역사 속에서 블랙리스트는 노동계의 큰 병폐였다. 정부와 경영 측이 노동조합을 결성하는 등 회사가 바라지 않는 행동을 하거나 당시 야당을 지지하거나 돕는 노동자 명단을 비밀리에 만들어서 서로 회람하며 입사를 막고 감시하거나 심지어는 경찰에 밀고해 왔던 사실을 나는 잘 알고 있다. 2017년 촛불 시위의 영향으로 박근혜 정부가 만든 내부 문서 블랙리스트가 폭로되자, 김기춘이 'DJ, 노무현 정부 인사'들을 '독버섯'으로 규정하고 강력한 사정을 지시한 사건과 함께 나는 또 한번 큰 충격을 받았다. 현역 의원인 내가 독버섯이면서 블랙리스트 명단에도 들어 있었던 것이다.

지금 이 시대에 그런 시대착오적 리스트를 그것도 정부가 만들어 관리해 왔다는 사실을 누가 상상이나 할 수 있었겠는가. 더구나 국회 환경노동위원장인 내가 정부가 만든 그 블랙리스트 명단에 들어 있을 줄을 누가 상상이나 했겠는가. 만약 촛불이 없었다면 우리 국민들은 박근혜 정부의 블랙리스트 존재 자체를 몰랐을 것이라고 생각하니 더욱 끔찍하다.

박근혜 정부 들어 내가 이사장으로 있던 윤이상평화재단이 여러 차례 문체부의 감사를 받을 때도, 내가 회장으로 있었던 대한체육회 산하 대한배드민턴협회가 문체부의 감사를 거듭해서 받을 때도 현역 의원이며 국회 환경노동위원장인 나를 겨냥하고 있다고 생각하지 않았다.

당시 내가 이사장으로 있던 윤이상평화재단은 2005년 범정파적으로 창립되었다. 그러나 박근혜 정권이 들어서고 2013년경부터 주무 부처인 문체부의 거듭된 감사와 예산 지원 중단 등의 압력으로 재단의 주요 사업이었던 윤이상국제작곡상은 그 명맥조차 유지하지 못하게 되었고, 나중에는 사무실도 유지하지 못할 정도가 되었다. 2014년에 결국 나는 이사장직에서 물러나야 했다.

당시 내가 회장으로 있던 대한배드민턴협회에 대한 지속적인 감사도 동시에 일어났다. 나는 2014년 초 이 같은 감사를 지휘하고 있던 김종 문체부 차관을 국회 환경노동위원장실로 불러 그 연유를 물었다. 김종 차관은 담당 국장과 함께 국회 환경노동위원장실로 와서 이 감사는 나를 겨냥한 것이 아니고, 협회 사무국장의 비리가 발견되어서 검찰에 고발하려는 것이라고 반복해서 말했다. 나는 문체부가 조사한 것이 사실이 아니면 책임질 수 있냐고 물었다. 그는 담당 국장과 함께 자신 있게 책임질 수 있다고 말했다. 이후 협회 사무국장은 검찰에서 무혐의로 처리되었지만 김종 차관은 아무 책임도 지지 않았다. 결국 나는 대한배드민턴협회의 회장직에서도 물러났다.

그러나 윤이상평화재단 이사장에서 물러날 때도 대한배드민턴협회 회장직에서 물러날 때도 나는 정부가 나를 불편해할 수도 있겠다는 생각은 했지만 현역 의원인 나를 사정 대상으로 지목하고 블랙리스트에 올려 관리하고 있었다는 사실은 알 수 없었다.

나는 1996년부터 배드민턴을 치기 시작한 동호인이다. 자칫하면 비난받는 골프 대신 서민들의 애환이 담긴 배드민턴을 치기로 결심한 후 나는 줄곧 배드민턴을 즐기고 동호인들과 어울리기 좋아했다. 2000년 시드니 올림픽 때는 국가대표 배드민턴 선수들을 응원하기 위해 자비로 시드니로 가서 열심히 응원했다. 2016년 리우 올림픽 때는 선수들의 시차 적응 훈련장이 있던 캐나다 토론토까지 날아가기도 했다. 나와 가까이 일했던 이인영 의원, 김성환 의원 등이 지금도 배드민턴을 수준급으로 즐기는 것도 나의 권유와 무관하지 않다. 또 나는 외국에 나갈 일이 있으면 배드민턴 라켓과 신발을 넣어 가는 경우가 많았는데 그 이유는 외국 어느 도시에 가든 꼭 한국인 배드민턴 동호인 모임은 있고 인터넷으로 쉽게 접촉할 수 있어 운동하기 좋기 때문이었다. 나는 배드민턴이 좋아서 대한배드민턴협회 회장을 맡았던 것이지 유력 정치인이었기 때문에 맡은 것은 아니었다.

블랙리스트의 코미디는 여기에 그치지 않는다. 2014년쯤 어느 명절 전에 동료 김현 의원이 국회의원회관에서 나를 찾아와 "명절 때 의례적으로 대통령이 국회의원에게 주는 선물이 있는데 이상하게 이번에는 안 받은 사람이 있는 것 같다."라며 나에게 대통령 선물을 받았는지 물었다. 나는 관심이 없어 대통령이 나에게 선물을 주었는지 안 주었는지 모르겠다고 대답했다. 김현 의원이 간 뒤에 살펴보니 나에게는 대통령의 선물이 배달되지 않았다. 김현 의원은 열심히도 대통령 선물을 받지 않은 국회의원 명단을 작성했던 것 같은데 몇이나 되었는지 지금 내 기억 속에 남아 있지 않다.

그때는 몰랐지만 김현 의원이 만들려고 했던 그 명단이 정치인 블랙리스트 명단일 수도 있겠다. 아니면 2014년 7월 4일 김기춘이 말한 "독버섯처럼 자란 DJ, 노무현 정부 인사"들의 명단이었을지도 모르겠다. 결국 그것이 그것이어서 독버섯도 블랙리스트겠지만. 어쨌든 나중에 확인해 보니 김기춘 비서실장이 나를 포함해서 민주당 의원 일부를 독버섯으로 규정해서 강력한 사정을 지시한 시기와 김현 의원이 대통령 선물을 못 받은 국회의원 명단을 파악하려던 시기가 비슷했다.

  내가 만약 김현 의원의 문제 제기를 그때 받아들여 박근혜 정권의 불순한 음모에 빨리 접근할 수 있었다면 우리는 좀 더 강력히 대처할 수 있었을 것이다. 그렇게 되었으면 블랙리스트의 피해를 줄였을 것으로도 생각된다. 내가 정치인으로서 해야 할 일을 하지 못하고 방심한 증거라고 자백하지 않을 수 없다.

한국의 드레퓌스, 강기훈 청문회 열자

김기춘 대통령 비서실장은 박근혜 정부를 위해서라도 앉지 말아야 할 자리에 앉았다. 유신을 찬양하고 민주 세력을 극단적으로 억압했으며 중앙정보부 대공수사국에서 책임자로 일하며 각종 용공 조작 사건의 주도자로 의심받고 있던 그는 그 자리에 앉지 말아야 했다는 뜻이다.

그리고 나는 반성한다. 김기춘이 대통령 비서실장으로 임명되는 것에 대해 웃기는 일이라고 넘길 것이 아니고 그 전후 사정을 살펴보고 그 의미를 분석했어야 했다. 그는 그냥 비서실장으로 간 것이 아니었다. 철저한 준비를 통해, 과거 박정희 정권 때의 향수를 가득 품고 삐뚤어진 야당관을 그대로 적용하고 있었기 때문이다.

1992년 대선에서 집권 민자당이 불리해지자 부산에 유력 기관장들을 모아 놓고 지역감정을 선동한 사람이 김기춘임을 우리 모두는 잘 알고 있다. 나는 "김기춘 비서실장, 우리가 남이가, 갈 데까지 가보자"라는 현수막이 세월호 참사 후 세월호 실소유주인 유병언과 그 신도들이 집결한 한 연수원에 걸려 있는 것을 본 적이 있다. 이것은 또 무슨 말인지 궁금한 국민들 앞에 유병언은 시신으로 발견되었다.

2014년 6월부터 2015년 1월까지 박근혜 정권의 청와대 민정수석으로 재임한 김영한의 비망록에는 김기춘 비서실장이 역사를 거꾸로 돌리려 했던 수많은 기록이 남아 있다. 설사 그의 역사관, 정치관은 그렇다 치더라도 그의 역사관과 정치관을 관철시키기 위해 대통령 비서실장이 청와대 수석 회의라는 공식 회의를 이용하여 야당에 대한 사정 지시를 내리는 일이 어떻게 용서될 수 있을까. 그는 무려 25명이나 되는 민주당 의원들을 이른바 입법로비로 수사하거나 수사하려 했던 것 아닌가. 7개월간의 수석 회의를 기록한 김영한 비망록만 보아도 그와 같은데, 그 외 비공식 회의나 모임에서는 무슨 말을, 무슨 짓을 했는지 짐작조차 할 수 없다.

더 중요한 이야기를 하나만 상기해야 되겠다. 나는 2012년에 발족된 '강기훈의 쾌유와 명예회복을 위한 시민모임'의 공동대표 중 한 사람이었다. 김기춘식 광풍이 몰아치던 지난 91년 유서를 대필해 주었다는 누명을 쓴 강기훈의 핵심적인 명예 회복은 강기훈 사건의 재심을 대법원이 받아주는 것이었다. 나는 2012년 민주당 의원 총회에서 좀 길지만 내 진심을 다해 강기훈 재심이 왜 중요한지에 대해 발언을 했다. 나는, 우리가 모르는 사이에 지난 대통령 선거에서 강기훈 유서 대필 조작 사건 당시, 수사 검사들이 대거 박근혜 캠프에 가담했고 이후 정부의 요직에 앉아 권력을 행사하고 있는 현실을 보아야 한다는 요지의 발언을 했다. 그리고 "그 수사 검사들 집단의 정점에 지금 김기춘 비서실장이 있다."라고 말하고, 대법원에 제출될 재심 개시 결정 촉구 서류에 서명해 달라고 호소했다. 다행히 의원 총회에 참석한 의원들은 물론 그날 참석하지 못한 의원들도 모두 서명하여 민주당 의원 전원이 서명했다. 나는 여기에 다른 당 소속 2명의 의원 서명을 합해 대법원에 보냈다.

그 결과인지 모르겠지만 대법원이 재심을 받아들였고 이후 2014년 2월 고등 법원은 드디어 1991년 사건 발생 23년 만에 재심에서 강기훈의 유서 대필 부분 무죄를 선고했다. 이것은 프랑스에서 정치적으로 혼란했던 19세기 후반 정치적인 이유로 국가 권력에 의해 자행된 드레퓌스 간첩 조작 사건을 연상하게 했다. 이것은 그만큼 역사적인 일이었다.

이 역사적인 날을 맞아, 시민 모임과 신계륜 의원실은 국회에서 보고대회를 열었다. 그 자리에서 우리는 국가범죄의 공소시효를 없애는 것과 국가범죄자에 대한 민사 소송이 가능하도록 하는 것을 골자로 한 '강기훈법' 제정과 유서 대필 조작 사건의 국회 청문회(김기춘 청문회)를 추진하기로 결정했다. 아울러 나는 유서 대필 조작 사건 즈음에 검찰 총장을 거쳐 법무부 장관에 임명되어 이 사건에 중대한 책임이 있는 김기춘이, 이 사건이 무죄로 결정된 2014년 2월 당시 대통령 비서실장으로 있는 현실을 개탄하며 법 제정 전이라도 우선 김기춘 비서실장의 즉각 사임과 변호사직 박탈을 요구했다.

그리고 나는 그로부터 몇 달 후 검찰이 입법로비 혐의로 나를 조사하고 있다는 방송 보도를 접하게 되었다. 그 이후 강기훈법 제정은 흐지부지되었으며 청문회도 힘 있게 추진되지 못하고 중단되고 말았다.

김재윤 의원의 영혼

2021년 6월 29일 나는 날벼락 같은 소식을 듣게 되었다. 억울한 누명을 쓰고 입법로비로 기소되어 4년의 긴 수감 생활을 마감하고, 시인으로서 새로운 삶을 찾고 있었던 김재윤 의원이 생을 마감했다는 것이다.

2014년 초, 나는 2013년 민주당 대표 당내 경선에서 실패한 쓰라린 경험을 교훈 삼아, 다음 민주당 대표 경선에서는 실패하지 않으려고 동분서주하며 준비에 열중하고 있었다. 그 시기에 3선이었던 김재윤 의원을 자주 만났다. 지방 선거 때는 지원도 가고 합숙도 하며 서로 간의 이해를 넓혀가고 있었다. 나와 김재윤 의원이 서로 곁을 내주는 관계로 발전하고 있던 그사이에 입법로비 사건을 일으킨 장본인이 끼어드는 불행한 일이 있었다.

김재윤 의원은 수감 중에 33일간의 긴 단식으로 생명이 위험한 지경에까지 이르렀다. 그는 수많은 동료 의원들과 지역구민들의 간절한 단식 중단 요청에도 아랑곳하지 않은 채 목숨을 내놓고 단식을 이어가고 있었다. 독실한 가톨릭 신자인 그에게 그가 평소 존경했던 강우일 주교님이 찾아가 이제 단식을 풀도록 설득하고 나서야 비로소 33일간의 긴 단식을 중단하였다. 목숨을 건 33일간의 긴 단식은 그의 억울함과 분노에 대한 유일한 표현 방법이었다.

2020년 10월에 방영된 KBS 시사 직격은 이른바 입법로비로 기소된 김재윤 의원 사건에 의문을 품고 그 진실을 밝히기 위해 사건을 추적했다. KBS 시사 직격 방영 직전, 돈을 주었다는 김 씨와 그 변호인들은 법원에 방송금지가처분 신청서를 제출했다. 그러나 서울남부지방법원 제51민사부는 "김 씨의 국회의원 뇌물 진술이 허위일 가능성과 함께 허위가 아니더라도 김 씨의 교비 횡령 혐의에 관해 횡령 금액을 낮춰 기소하거나 일부 범죄 사실을 기소하지 않는 걸 대가로 진술했을 가능성을 제기했다."라며 "김 씨의 진술이 두 가지 중 어느 하나에 해당하더라도 검찰 수사 공정성이 의심받게 된다고 봐야 한다."라고 판시하며 방송금지가처분 신청을 받아들이지 않았다. 시사 직격은 김재윤 의원과 돈을 주었다는 김 씨의 대화 내용을 들려주었다. 김 씨는 "짜여진 틀에서 저로 인해 피해를 보신 분들이 안에 계실 때도 저 역시 평생 죄인으로 살아갈 수밖에 없고"라고 말했다. 시사 직격은 또 검찰이 김 씨의 교비 횡령 액수를 56억 원에서 48억 원으로 낮추어 기소했다고 했다. 그것도 김 씨에 대한 교비 횡령 최초 수사로부터 1년 6개월 동안이나 기소하지 않고 있다가 김 씨의 검찰 진술을 법정에서 그대로 유지한 후에야 기소했다고 했다. 특히 김 씨의 뇌물공여죄는 기소조차 하지 않았다고 지적했다.

또한 김영한의 비망록을 인용하여 이 사건에 대한 청와대의 개입 정황을 밀도 있게 보도했다. 시사 직격 방영 후 김재윤 의원은 다소 밝아지는 듯했다.

그러나 그는 자신에게 1심 판결도 부당한데 이보다 더 무거운 형을 추가해서 내린 2심 부장판사 최재형이 문재인 정부에서 감사원장으로 발탁되는 기막힌 현실을 보게 되었다. 안민석 의원은 청와대 관계자에게 최재형의 감사원장 임명은 매우 부적절하다는 의견을 전달했다고 한다. 그러나 최재형은 감사원장으로 임명되었다. 그때 김재윤 의원이 받은 충격은 사건 수사와 억울한 판결 때보다도 컸으리라.

그로부터 3여 년이 지난 2021년 우리 모두는 감사원장 최재형이 문재인 정부 정책에 반대하며 사표를 쓰더니 급기야는 국민의힘 대통령 후보로 당내 경선에 참여한다는 소식을 듣게 되었다. 자신에 대한 최재형의 2심 판결이 법률의 잣대가 아닌 정치적 잣대에 의한 것이라고 믿고 있는 김재윤 의원으로서는 최재형의 감사원장 임명도 견딜 수 없이 부당한데, 더 나아가서 민주당 정부를 배반하고 감사원장을 사퇴하고 나와 상대 당인 국민의힘에 입당하여 대통령 후보로 나온다니 너무나도 기가 막힌 일이 아니겠는가.

　나는 가끔 제주도 서귀포 인근에 있는 김재윤 의원의 묘소도 찾아보고 김재윤기념사업회(이사장 서명숙)의 사업들을 눈여겨보며 쇠소깍과 소담한 시를 사랑했던 시인 김재윤 의원의 시들도 가끔 읽는다. 그리고 진정한 그의 명예 회복의 길이 무엇이며 나는 무엇을 해야 하는지 생각하게 된다. 내 마음속에서 김재윤 의원은 영원히 나의 부채로 살 것이다.

11월 12일 광화문 100만 개의 별

　과학자 스티븐 호킹은 우주에 1000억 개가 넘는 은하계가 있고, 1개의 은하계에 1000억 개가 넘는 별들이 존재한다고 말했다. 그것들은 성질도, 크기도, 온도도, 움직이는 궤도도 다르지만 하나의 우주를 형성하고 있다고 했다.

　2016년 11월 12일 광화문에서 나는 100만 개의 별을 보았다. 나이, 직업, 성별은 물론 박근혜 대통령에 대한 규탄의 정도도 달랐지만, 그 별들은 일정한 궤도를 따라 독자적으로 움직이면서도 하나의 균형과 조화를 이루었다. 물론 혜성처럼 움직이는 별들도 없지는 않았지만 그것들마저도 일정한 법칙에 따르고 있었다.

　함께한 사람들은 물론 민주당을 포함하여 어느 집단도 이 거대한 흐름 속에서는 하나의 점에 불과했다. 누구도 지배하지 못하면서 누구도 지배받지 않는, 밀지도 밀리지도 않는, 독자이면서도 전체적으로 균형과 조화를 이루는 이 흐름은 마치 우주의 법칙을 보는 듯했다. 그것은 질서와 균형의 민주주의 그 자체였다.

1980년 서울의 봄은 학생들의 항쟁이었고, 1987년 6월항쟁은 학생과 시민의 항쟁이었다. 온몸으로 독재에 맞선 투쟁이었다. 밀고 밀리고 쫓고 쫓기는 진영 간의 전쟁이었다고도 할 수 있다. 그것은 지금 우주에 존재하는 질서와 균형 이전의 빅뱅이었는지도 모르겠다. 촛불혁명이 보여주었듯, 이미 우리나라는 폭력과 속임수를 동원해 억압하고, 그것을 민주주의라고 위장해도 진정한 민주주의의 질서를 어지럽힐 수 없는 나라가 되었다.

밤하늘에 빛나는 별들을 보라. 정해진 시간에 어김없이 그 자리에 나타나 불안한 우주의 불확실성에 매번 종지부를 찍으며, 질서와 균형과 상호의존성의 놀라운 법칙을 늘 보여주고 있지 않은가. 지배도 굴욕도 없으며 서로 이끌고 배려하지 않으면 안 된다고 가르치고 있지 않은가.

2016년 11월 12일 광화문을 중심으로 100만 개의 별들은 우리나라를 민주주의의 나라, 국민의 나라로 만드는 지주가 되어 앞으로도 영원히 빛날 것이다.

5월의
마지막 일요일

    2016년 5월의 마지막 일요일, 5월 29일은 19대 국회가 끝나는 날이었으며 20대 국회의원에 출마하지 않은 내가 백수가 되는 날이었다. 나의 국회의원 생활과 활동이 종료되는 날인 셈이었다. 나는 96년부터 비가 오나 눈이 오나 부지런히 찾았던 성북 체육관으로 여느 때처럼 아침 일찍 나가 배드민턴을 했다. 3게임, 3연패를 한 후 30명에 가까운 회원들과 함께 동네 작은 식당으로 이동해 식사를 했다.

    떠들썩한 분위기 속에서 한 회원이 19대 국회의 마지막 날이라는 의미에서 나에게 건배사를 권했다. 다소 당황하면서도 일어나 "오랜 세월 애환을 함께해 온 우리 회원들에게 이제 더 가까이 갈 수 있는 기회를 가지게 된 것을 정말 기쁘게 생각합니다."라고 건배사를 했고 회원들은 우렁차게 '위하여'를 제창해 주었다.

그리고 또 다른 회원 한 분이 재빨리 나가 케이크를 하나 사오더니 그 위에 촛불을 하나 밝혔다. 평범한 시민으로 돌아온 원년이란 뜻이었을까. 함께 박수를 치며 그 원년을 축하해 주었다. 참 뜻깊은 백수 기념식이었다.

그리고 또 다른 회원 한 분이 식당 안에 걸려 있던 달력에서 5월의 달력 한 장을 뜯었고, 참석자들은 그 뒷면에 나에게 주는 한마디를 적기 시작했다. 배드민턴을 한 게임 치자거나, 나의 팬이라고 자처하거나, 성북을 지켜 달라는 등 나를 응원하고 지지해 주는 말들이 찢긴 5월의 달력 뒷장을 채우는 것을 나는 조용히 바라보았다.

그리고 또 다른 회원 한 분이 미리 준비했을 대금과 소금을 연주하여 우리들의 작은 잔치에 수준 높은 음악을 선사해 주기도 했다.

2016년 5월의 마지막 일요일 아침을, 내가 국회의원의 옷을 벗고 시민으로 돌아가는 첫날 아침을 나는 그렇게 맞았다. 그리고 나는 이 즉흥적이고 꾸밈없는 축하를 마음속으로 받아들였다.

아마존
현자의 노래

  영혼을 깨우는 듯한 낮은 선율과 음색 때문이었을까. 참석자들과 손을 맞잡고 교감을 나누는 브라질 토착민 니나와 후니쿠이족 의장의 노래는 참석자 모두의 심금을 울리기에 충분했다. 토착민 원어로 불러 그 정확한 의미는 전달되지 않았지만 다국적 기업의 석유 개발 등으로 신음하고 있는 지구상의 마지막 허파인 아마존의 눈물이자 조용한 분노였을 것이다.

  2013년, 아마존의 토착민 대표 니나와 후니쿠이(브라질, 후니쿠이족 의장), 에더 파야구아헤(에콰도르, 세꼬야족 의장), 바네사 바르함(에콰도르, 아마존 보호연합 환경 변호사) 등이 한국에 온 것은 아마존의 위기를 알리고 국제적 연대를 이루기

▲ 함께 노래를 부르는 아마존 토착민 대표 니나와 후니쿠이족 의장 후니쿠이,
 한명숙 전 총리와 신계륜 의원

위해서였다.

 수를 헤아릴 수 없을 정도로 다양한 동물들과 식물들이 서식하는 아마존은 벌목, 광산 개발, 원유 채굴이라는 다국적 기업과 인간들의 욕심 때문에 파괴되고 산소 대신에 많은 양의 탄소를 배출하는 위험에 처해 있는 것이다.

 당시 브라질에는 아마존 유역 토착민 305개 부족의 18만 명을 포함해서 약 80만 명의 토착민이 살고 있다고 하며, 에콰도르에는 14개 부족, 16개 마을의 약 16만 명의 토착민이 살고 있다고 했다.

 전통 복장을 단단히 차려입고 앉아 있던 니나와 후니쿠이 의장은 한강에서 나무를 심을 때 삽을 들어 땅을 파려는 사람을 제지하고 땅에도 생명이 있다며 손으로 땅을 팠다. 여수 국가 산업단지 방문 시에는 다국적 기업의 간판을 보고 얼굴이 굳어지며 "이런 것을 보러 한국에 온 것이 아니다."라고 방문을 거부해 방문지를 바꾸어야 했다고 한다.

그는 발전소 건설, 석유 개발, 광산 개발, 농업 용지와 가축 사육 시설의 확장 등 브라질 개발에 대해 비판했다. 특히 2013년에 브라질 의회에서 아마존 광산 개발과 관련해서 지역 주민의 의사를 무시하는 법안이 준비되고 있음을 지적했다. 법안이 통과되면 헌법에 보장된 권리를 상실하게 되며 조상 대대로 이어 온 아마존 유역의 토지에 대한 소유권이 위협받는 중대한 상황이 초래될 것이라고 발언했다.

토착민들이 이것을 막아내기 위해 싸우다 목숨을 잃는 상황까지 이르고 있다고 말한 그는 한국을 비롯한 많은 나라들의 양심이 인류 전체를 지키기 위한 아마존 보존에 연대와 지지를 표명해 줄 것을 역설했다.

그리고 우리는 함께 손을 잡고 토착민의 노래 '현자의 노래'를 들었다. 가슴이 뜨거워졌다.

야반도주의 전설

나는 2016년까지, 최소 500번 이상 주례를 섰던 것 같다. 예전에는 지역구민의 주례를 섰지만, 법이 개정되면서 불가능해졌다. 이후 지역구민이 아닌 이들로부터 간곡한 부탁을 받으면 주례를 섰다.

주례 하면 떠오르는 재밌는 일이 있다. 38세에 지역구 당원들의 강력한 권유로 첫 주례를 서던 날의 이야기다. 혼자 예행연습까지 몇 번 하고, 긴장했지만 잘 진행하던 의식이 한순간에 깨져버렸기 때문이다. 한 참석자가 나를 보고 "저 사람이 주례야 신랑이야?" 하는 말이 내 귀에 들렸다. 예상치 못한 참석자의 반응에 순간 당황하여 이마에서 땀을 쏟으며 횡설수설하며 주례를 보았다. 지금 생각해 보면 신랑 신부에게 미안한 마음이 든다.

 수없이 진행했던 주례를 떠올리면, 최근 청년들의 결혼에 관해 생각하게 된다. 2016년에 주례를 섰던 한 결혼식은 신랑과 신부가 둘 다 공무원이어서 그나마 다행이었지만, 대다수 우리나라 청년들의 상태는 너무 불행하다. 점차 심화되고 있는 양극화의 나쁜 영향은 청년들의 의식에 집중적으로 나타나며, 그러면 그럴수록 부모들은 더 안전한 결혼을 강권한다.

 돈 있고, 번듯한 집 있고, 직장 좋은 배우자. 즉 당사자들과 그 부모들은 이른바 '안전한 결혼'에 더욱더 매달린다. 사람 사는 세상에는 사람이 최고이며 사람 간의 사랑이 최고인데도 이것은 뒷전으로 밀린다. 이것이 무너지면 결혼은 형해화되지 않을까. 사랑이 방황하는 사회에 어떤 미래가 있을까.

 대학 시절 나는 1학년 후배 남녀가 대학을 그만두고 농촌에 들어가 농민으로 살겠다고 하여 도와준 적도 있다. 부모님이 보내준 등록금을 둘이 모아 몰래 농촌으로 들어가는 상황에서 결혼식 주례 겸 사회를 맡았던 것이다. 나중에 내가 양가의 부모님에게 하도 오랫동안 비난을 받아서 나도 아직까지 기억하고 있다. 그 부부는 농촌에서 성공했으며 당시 청년 학생들의 우상이 되기도 했다.

 청년들이 당장의 물질적 편안함 때문에 사랑을 잠재우기보다 조금은 힘들더라도 진정한 사랑을 찾아갈 수 있는 대한민국을 꿈꾼다.

아버지와 아들

    큰아들이 아들을 낳았던 때가 생각난다. 보호 유리창 너머 살펴본 나의 손자는 아주 작았다. 2.8kg이라니.
    작은 연립 주택 하나 전세 얻으려고 1억이나 은행에서 융자를 내어 결혼한 아들. 4선 국회의원이지만 내가 아들에게 전세 자금으로 준 것은 3000만 원이 전부였다. 노원구의 1억 3천의 작은 전셋집에서 신혼 생활을 하게 한 아버지로서 정말 미안했다. 아들은 대학을 졸업하고 잠시 회사를 다니다가 전망이 보이지 않자, 사직하고 독자적인 사업을 해보려고 노력 중이었다. 며느리는 출산이 다가오자 작은 병원의 간호사직을 사직했다. 명색이 국회에서 노동법 전문가인 시아버지가 있는데도, 근로기준법 위반이라는 나의 지적에도, 출산하고 다른 곳에 가면 된다고 하며 손사래를 쳤다. 내 아들 부부만 그런가. 이것이 아직도 대부분의 대한민국 청년들의 고달픈 삶의 현장이 아닌가.

　아들은 내가 노동운동에 전념할 때, 관악구의 한 병원에서 태어났다. 나는 아이를 키울 수 없어 부모님이 살던 전남 함평의 시골집에 맡겨서 키웠다. 얼마간 떨어져 살던 사이 시골로 찾아간 부모의 얼굴을 아이가 보고 당황하며 낯설어하던 모습에 나는 아이가 부모의 얼굴을 잊었다고 생각했다. 내 주변을 돌고 조심스럽게 살펴보고 내가 바라보면 구석으로 숨던 아이가 너무 안쓰러워, 나는 다음 날 내가 어렸을 때 놀던 집 앞 들판의 논두렁길로 아이와 손을 잡고 나갔다. 길을 걷는데 뒤따라오던 아이가 갑자기 내 앞으로 나서며 물꼬를 트려고 끊어 놓은 논두렁길을 보란 듯이 크게 뛰어넘었다. 나에게 여기는 뛰어야 한다고 몸짓으로 말하고 있었다. 살펴보니 물꼬 때문에 끊긴 논두렁길이 잡초로 우거져 잘못하면 발이 물에 빠지게 되어 있었다. 나는 아이를 끌어안았다. 그래, 내가 너의 아버지란다.

　'군사 독재와는 같은 하늘에 살지 않겠다.'라는 나의 맹세는 세월이 흐르면서 이처럼 온 가족의 고통을 수반했고, 나는 다시 광야에 홀로 선 채 또 다른 비바람을 맞고 있다. 그러나 아들은 나에게 늘 말하는 듯하다. 당신이 나의 아버지라고.

숨 쉴 틈,
조주현

한 조각가가 있다.

그는 내가 가장 힘들 때 바람처럼 나를 찾아왔다가

내가 힘을 회복했을 때 바람처럼 사라졌다.

그리고 내가 다시 힘들 때 그의 초대전에 나를 불렀다.

한지로 만든 조각들은 바늘과 실이 지나간 틈을 만들어 내고 있었다.

막혔던 숨이 조금씩 터지는 치유를 경험했다.

그의 이름은 조주현이다.

▼ 조주현, 신계륜 국회의원상, 청동, 100×180×3, 2006

신계륜 의원의 심상의 넓이는 가늠할 수 없지만
내면의 의기는 언제나 청아하다.
그 향기에 취해 작업하다 보니 이렇게 나왔다.
이 작품을 본 모두가 그의 짙은 향을 맡길 바란다.
내게도 그 향이 밴 듯하다.
가슴이 뛴다.

▲ 조주현, 숨 쉴 틈, 한지·파라핀·철 혼합, 80×80×60, 2015

하나하나 같은 듯 다른 모습으로 개개인을,
그들 한 모듬에서 우리들과 세상을 나타냈다.

지도자의 인내는
철학이다

지난 대선이 끝났을 때, 걱정들이 늘었다. 집권당의 문제는 이제 그들만의 문제가 아니고 국민들의 문제가 되었다. 그런데도 집권당은 사소한 문제로 분란에 싸여 있어 국민을 불안하게 하고 있었다. 비록 선거에서는 패배했지만 얼마 안 되는 차이라고 민주당의 후보나 민주당이 별로 반성할 것이 없다고 생각하는 경우도 있었다.

코로나가 한창이던 2022년 3월 11일부터 20일까지, 윤이상 평화재단의 일이 있어 베를린으로 출장을 갔다. 가서 보니, 코로나 시국에 우리나라가 독일보다 훨씬 까다로운 절차를 요구하고 있었다. 입국과 출국 절차도 독일이 훨씬 간단하여 정해진 기간 안의 예방 접종 증명서만 있으면 충분했지만 한국은 더 많은 서류를 작성해야 했다. 당시 독일은 이미 실외에서 마스크를 착용하지 않고 있었다.

출장 중의 어느 휴일, 나는 대사관 직원의 안내로 한 묘소를 찾았다. 불과 4년 반의 집권 기간에 독일은 물론 전 인류에 불멸의 업적을 쌓은 빌리 브란트 서독 총리가 잠들어 있는 묘소였다.

▲ 2022년 3월 베를린 외곽에 있는 빌리 브란트 전 서독 총리 묘소에서

어느 시민의 무덤보다 더 크지도 작지도 않고 화려하지도 초

라하지도 않았다. 다만 누군가가 최근 다녀간 흔적으로 장미꽃 몇 송이만 놓여 있었다. 그곳에는 총리의 묘역도 장군의 묘역도 병사의 묘역도 없이 시민의 묘소만 있었다.

빌리 브란트 총리와 김대중 대통령 사이에는 유사점이 많다. 사민당의 동방정책과 김대중의 햇볕정책 그리고 노벨평화상 등이 먼저 떠오른다. 무엇보다 가장 큰 유사점은 적당한 시점을 찾을 때까지 기다리는 빌리 브란트와 김대중의 정치적 인내이다. 아무리 하고 싶은 일이 있어도 정치에는 때가 있어서 기회가 무르익을 때까지 기다려야 한다. 때로는 적극적으로 때를 만들 줄도 알아야 한다. 가장 중요한 일은, 때가 되면 국민과 함께 과감하게 실행하는 것이다. 물론 무엇이 때인지에 대해서는 그 판단이 어렵겠지만 지도자의 몫은 그래도 때를 잘 판단하는 것이다.

그런 면에서 2022년을 다시 보게 된다. 북한은 2022년을 신형 ICBM을 발사할 때라고 생각했고, 남한은 신형 스텔스 전폭기를 줄 세워서 위력을 과시해야 할 때라고 생각했던 듯하다. 그 만화 같은 장면을 보던 국민들은 우리 정부의 안보를 든든하게 생각했을까, 아니면 다시 6.25 같은 전쟁이 나지 않을까 불안해했을까. 걱정이 늘었던 시기였다.

반전 반핵에 대한 지도자의 인식

베를린 출장 기간 동안 나는 가는 곳마다 곳곳에서 마치 87년 6월항쟁 때의 게릴라 시위 같은 느낌을 주는 소규모 반전 시위대를 목격했다. 유서 깊은 브란덴부르크 문에서 만난 한 연사는 반전 반핵의 이슈를 목이 터져라 외치고 있었고 경찰 몇 명이 주변을 살펴보고 있었다. 우크라이나 국기가 독일 국기 대신 여러 건물에 게양되어 있었고, 차도에 연좌하며 시민 참여를 유도하는 젊은이들이 도처에 있음에도 경찰은 특별한 제지도 없었다.

동베를린 지역에 위치한 널찍한 북한 대사관은 적막했다. 가끔 침략자 러시아를 돕는다는 북한을 규탄하는 소규모 시위대

▲ 2022년 베를린 지역의 반전 시위 모습

가 지나갈 뿐이었다. 침략자 러시아에 대한 비난 여론이 열풍이었고, 이에 동조하지 않는 자들을 침묵시킬 만큼 여론은 압도적이었다. 더구나 독일은 전통의 사민당을 제치고 메르켈 총리의 기민련 집권 세력을 위협하며, 최근 급성장하고 있는 녹색당 바람이 불고 있었다. 그런 독일이 핵 개발을 하는 북한에 대해서 가지는 적대감은 짐작이 갔다.

녹색당을 지지하는 분이 나에게 "왜 한국에는 녹색당 지지율이 이렇게 낮은가?" 물어서, 나는 "우리는 정치 경제적으로 너무 숨 가쁘게 달려오느라 탈원전이나 신재생 에너지의 중요성을 제대로 인식하지 못했기 때문"이라고 대답했다. 거꾸로 내가 "독일이 이처럼 우크라이나 사태에 대해 특별히 민감한 이유는 무엇인가?"라고 묻자, 그녀는 "민주적 가치를 중시하는 나라로서 모든 것을 떠나 무력 침공에 대해 반대하는 것"이라며, 독일이 이번에 국방비를 대폭 올리려는 것은 이 사태에 대한 독일식 대응이라고 말했다. 청년들이 순수하게 반전과 반핵에 대해 외치고 있던 것과 달리, 독일의 어떤 정치인들은 우크라이나 사태에서 에너지 자립과 대체 에너지 개발의 이유를 찾는 동시에 자국의 국방비를 대폭 올릴 이유를 찾고 있었다.

이쯤에서 우리 지도자의 인식을 살펴보자. 특히 반핵에 대한 인식은 어떠한가. 문재인 대통령이 우리 신재생 에너지의 규모를 고려하지 않고 원전에 대해 성급한 판단을 한 것과 윤석열 대통령이 더 성급하게 반대로 판단한 것 자체가 우리 지도자들의 인식 수준의 한계를 여실히 보여주는 것이 아닌가.

작은 평화의 길을 찾아

베를린 방문 기간 동안 윤이상평화재단 이사장인 나의 가장 중요한 일은 윤이상하우스를 개보수하는 것이었다. 윤이상하우스는 윤이상 선생이 독일로 이주해 온 뒤 생전에 가족과 함께 거주하며 세계적인 명곡들을 탄생시킨 집으로, 현재 윤이상평화재단이 소유하고 있다. 현지 관리인 발터 볼프강 슈파러는 독일의 음악가이자 국제윤이상협회 회장이기도 하다.

남한과 북한은 윤이상을 기념하는 일을 각자 하고 있다. 북한이 먼저 윤이상음악연구소와 윤이상관현악단을 만들어 윤이상 선생을 기념하는 사업을 시작했고, 남한도 민주화된 이후에 윤이상평화재단과 통영국제음악당이 만들어져 작곡가 윤이상 선생을 기념하는 일을 하고 있다. 윤이상 선생은 박정희 정권에 의해 국외로 추방된 이후 독일에서 국적을 얻어 활동하면서 높은 음악적 성취와 비교적 안정된 생활을 이어갔으나, 고국 땅을 결코 잊지 못하고 통영에 돌아가기를 소망했다. 그러나 그는 고향으로 돌아오지 못하고 독일 베를린에서 세상을 떠나 그곳에 묻혀 있었다. 그러던 중 문재인 정부에 들어 베를린에서 통영으로 이장이 이루어져서, 지금은 통영국제음악당 앞 바다가 보이고 파도 소리가 들리는 곳에 잠들어 있다.

윤이상은 과거 온갖 오해와 고난 속에서 남과 북 어디에도 속하지 못하고 평생 남북의 평화와 통일을 기원하다가 이국땅 독일에서 세상을 떠났다. 그런 음악인 윤이상을 지금 진정으로 서로 기념한다면, 남과 북이 함께 휴전선을 깔고 앉아 공동으로 윤이상 음악을 연주하여 전 세계로 퍼지는 선율을 통해, 황량한 한반도의 평화와 통일을 절규하는 일이 왜 불가능하겠는가. 오히려 윤이상의 음악은 평양과 서울을 이어주고 있는 천상의 무지갯빛 다리가 아닌가.

베를린 출장 마지막 날, 나는 윤이상하우스에 들러 동백나무 한 그루를 보았다. 문재인 대통령의 독일 방문 때 김정숙 여사가 윤이상 묘소에 들러 참배하며 심어 놓은 동백이었는데, 묘소가 통영으로 이장되자 이곳에 옮겨 심었다고 한다. 마당 중앙에 자리 잡은 동백나무는 나의 눈에 어쩐지 어색하고 쓸쓸해 보였다. 옮겨 볼까 궁리를 해보았지만 마땅치 않아 그냥 그 자리에 두기로 했다.

▲ 베를린 윤이상하우스에 있는 통영의 동백나무(김정숙 여사 이식), 2022

담배에 대하여

고등학교 시절에는 내가 전체 학생들의 직접 선거로 뽑힌 학생회장이어서 학생들을 대변하기도 했고 반대로 학생들을 향한 인근 주민들의 주문도 소화해야 했다. 학교 화장실이 광주시 계림동 성당에 인접해 있어서, 쉬는 시간에 화장실로 달려가 담배를 피우는 일부 학생들에 대한 신고가 성당 신도들에 의해 학교에 접수되자 나는 고민에 빠졌었다. 학교는 난처해했고 나는 담배 피우는 학생들에 대해 학생회가 계도하고 단속하기로 결정했다. 나와 학생회 간부들은 조금 일찍 등교해 교문에서 등교하는 학생들의 가방을 열어보고 담배 검사를 했으며 쉬는 시간에 화장실에 들어가 담배 피우는 학생들을 적발하고 경고를 주기도 했다. 그때 그 무렵 학교 안에서 담배 피우는 고등

학생들은 몇 안 되었고, 다행히 그 후로 큰 충돌 없이 학교 안에서 학생들이 담배 피우는 일은 사라지게 되었다. 그러나 나도 고등학교를 졸업하고 담배를 피우기 시작했다.

군대에서 피우던 담배 맛은 잊을 수 없다. 담배는 큰 위로가 되었다. 이후 서울시 부시장 시절 담배를 끊는 계기가 되는 두 가지 일이 일어났다. 하나는 당시 고건 시장이 담배 끊은 이야기를 들은 것이다. 그는 생방송에 출연하고 집에서 자신의 목소리를 자세히 들으니 말하고 숨을 들이쉴 때 목에서 걸리는 듯한 쇳소리가 들리는 것 같아 담배를 끊었다고 했다. 어느 날 나도 교통방송에 출연하면서 발언 도중 숨을 들이쉴 때 섬세하게 들어보니 약간 걸리는 듯한 느낌이 들어 고건 시장의 말을 더욱 유념하게 되었다. 그러던 차에 결정적인 사건이 다음에 일어났다.

당시에 나는 민주당 서울 성북(을) 지구당 위원장을 겸하고 있어서 지구당 후원회를 세종문화회관에서 열게 되었다. 당시 최종윤(현 국회의원)과 기동민(현 국회의원)이 나와 같이 정무부시장실로 들어가 일하고 있었는데, 공무원인 기동민이 큰 생각 없이 내 후원회 어깨띠를 멘 것이 문제가 된 것이다. 함께 행사를 무사히 치르고 다음 날 아침 중앙일보를 보니 제법 크게 나의 후원회 행사에 대한 기사가 올라와 있었다. "한눈 파는 서울 정무부시장"이라는 제목으로 공무원인 기동민 비서가 후원회 행사에 어깨띠를 메고 있었다고 적고 있었다.

  나는 즉시 그 기사를 인정했다. 이것은 불법은 아니지만 나의 불찰이며 나의 반성이 필요하다고 결론 냈다. 나는 내가 반성하는 의미로 내가 좋아하는 술과 담배 중 어느 하나를 끊겠다고 결심했다. 그리고 나는 담배를 끊었다. 고등학교 졸업 후 26년간 피우던 담배를 하루아침에 끊은 것이다.

  그 후 16년간 나는 담배를 피우지 않았다.

  2015년 나는 나를 조사하는 검사와 마주 앉으며 신경전을 벌이다가 다시 담배를 피우기 시작했다. 한번 다시 피우니 16년간의 금연은 아무 의미를 갖지 못했다. 그런데 내가 다시 담배를 피우기 시작할 무렵 우리나라는 금연 분위기가 최고조에 달하고 있었고 어떤 의사는 나에게 담배를 제조, 판매하거나, 흡연하는 사람을 징역형에 처하게 하자는 요지의 입법안을 가져오기도 했다. 금연구역이 실외에서도 확대되면서 흡연자가 설 자리는 점점 더 없어지고 있었다. 건강을 위해 금연이 필요하고 그것을 국민들이 동의하고 있기 때문이다. 심지어는 어린이집에서 어린이들에게 "길을 가다가 담배 피우는 사람 만나면, 코를 막고 뛰어간다."라고 가르친다고 한다.

  금연은 확실히 권장해야 할 것이고 금연이 필요하다고 생각한다. 그러나 어느 사회든 획일적일 수는 없다. 얼마 전 나는 동구권에 속해 있다가 독립한 어느 나라를 방문했는데 그 나라의 관리로부터 그 나라의 대통령이 담배를 끊자 국민 모두가 담배를 끊었다는 코미디 같은 이야기를 들은 적이 있다. 또 나는 얼마 전 러시아에 갔다가 담배를 윗옷 주머니에 넣고 다니는 외교관을 만났다. 그는 담배를 안 피우지만 외교상 담배 피우는 파트너를 만나면 담배를 권하고 피운다고 했다. IMF 위기 때 노숙자가 늘고 그 대책 수립에 골몰하며 현장을 나갔다가 나는 말기 암 환자와 나란히 앉아 소주를 먹는 아는 신부님을 만났다. 신부님도 환자도 지극히 편해 보였다. 이렇듯 사정은 나라마다 사람마다 처지에 따라 다르다.

나는 우리 사회가 금연을 권장하되, 이미 사회의 소수이며 약자로 변해 버린 흡연자라는 우리 공동체의 일원에 대해 따뜻하게 배려하는 성숙함을 보여주었으면 한다.

신계륜과 함께하는 '더 신씨네'의 추억

  2000년부터 시작된 영화 감상 모임으로 '더 신씨네'가 있다. 나중에는 금강산 관광 모임 '신계륜과 함께하는 사람들'과 함께 쌍벽을 이루며 서로를 밀어내기도 받쳐주기도 했다. 하나는 문화 모임으로 또 하나는 걷기 모임으로 그 성격이 달라 회원들의 구성도 달랐지만 서로 결합되어 쌍둥이처럼 활동하기도 했다.

  초창기 '신씨네 무비 클럽'이라 부르다가 나중에 누군가의 제안으로 '더 신씨네'로 정착되었는데 지금은 고인이 된 나의 군대 친구이자 영화인 김종성 씨가 리드해서 만들어지고 진행되었다. 영화 모임 '더 신씨네'는 국내의 극장에 회원들이 함께 가서 화제작을 보고 모여 토론하기도 했고, 극장에서 영화를 볼 수 없는 영화 소외 지역에 필름을 갖고 들어가 야외무대를 설

▲ 미개봉 영화 <사토라레> 상영회에서 '더 신씨네'와 함께

치하여 그곳 주민들과 함께 영화를 감상하기도 했으며, 프랑스, 인도 등에서 미개봉작을 가져다 국회 등지에서 시사회를 열기도 했다.

그때마다 많은 사람들이 참여하여 호응을 주었던 것으로 기억된다. 2003년 네덜란드의 모나리자라고도 불리는 요하네스 베르메르 원작 <진주 귀고리를 한 소녀>를 영화화한 필름을 가져다 국회에서 최초로 시사회를 했는데 국회의 비서진과 직원들이 대거 참석해 화제가 되기도 했다.

한번은 큰 생각 없이 해외의 교민들을 위로한다는 뜻으로 주상하이 대한민국 총영사관과 공동 주최하여 <황산벌>의 필름을 상해로 가져가 상해국제무역센터 강당에서 시사회를 갖기로 했다. 모든 준비를 끝내고 상영 준비를 하는데 중국 공안으로부터 중국인을 비하하는 내용이 있다는 항의와 함께 영화 상영이 금지될 수 있다는 경고가 들어와 곤란한 지경에 빠지기도 했다. 나는 이것이 단지 영화에 불과하고 나당연합군을 묘사하는 과정에서 나온 과장적 표현에 불과하다고 해명했지만 쉽게 양해가 되지 않았다. 상해에서 중국 당국의 항의를 받고 보니 사전에 섬세한 검토를 하지 못한 것이 경솔했다는 느낌도 들었지만, 나로서는 그렇게 인정할 수만은 없는 노릇이었다. 그래서 나는 특유의 조정 능력을 발휘했다. 결국 영화는 상영하되 교포들만 초청하고 중국인은 초청하지 않으며, 음성은 한국말로만 하고 중국어 번역은 하지 않기로 하고 최종 상영 허가를 받았다.

'더 신씨네'가 '신계륜과 함께하는 사람들'과 협력하여 금강산 관광에 남북 영화 상영회를 더하여 진행하려고 했던 시도는 지금 생각해도 참신하며 혁신적이었던 것 같다. 또 남북 영화 교류를 제안하고, 금강산에서 영화 시사회를 개최하기 위해 실무 회담을 열자고 했던 기억도 새롭다.

다만 '더 신씨네'는 나의 정치적 불행이 겹쳐 오고 또 그 리더였던 영화인 김종성 씨가 병고로 세상을 떠나게 되면서 신사와는 달리 해산되고 말았다. 그러나 많은 회원들은 나의 친구 김종성 씨를 기억하고 다른 형태로 모임을 가지며 영화나 여러 가지 문화 활동에 적극적으로 참여하고 있다. '더 신씨네'가 모태가 되어 수십 개의 소모임이 이루어지고 그들은 지금도 어느 영화관에 모여 영화를 보면서 '더 신씨네' 이야기를 하고 있을 것이다.

세대론

세대는 인위적으로 교체되지 않는다. 아들 세대가 아버지 세대를 아버지가 아닌 것으로 교체할 수 없듯이 인위적 세대교체는 현실 세계에서는 있을 수 없는 개념이다. 아들이 아버지에게 더 이상 아버지가 아니라고 말은 할 수도 있지만 아버지는 현실적으로 그 아들의 아버지로 언제나 존재한다. 정치 영역에서 세대교체라는 말이 사용된 지 오래되었다. 그러나 그런 세대교체는 한 번도 이루어진 적이 없다. 사상과 이념에 따른 세력의 교체는 현실 속에서 있어 왔고 앞으로도 있을 것이다. 그러나 그것은 세대교체가 아니다.

세대는 우리가 원하든 원하지 않든 교체되지 않고 계승되고 발전한다. 가령 꼭 사상과 이념에 따른 세력의 교체가 아니더라도 문화나 예술 분야를 살펴보면, 과거 노년층이 왕년에 이루었던 한 경향이 다른 경향으로 바뀌어 주류를 이룰 때 창조적 세대 계승이 이루어진다. 인위적으로가 아니라 자연스레 흐름에 맞는 사람들이 그 분야의 주요 의사 결정에 주도적으로 참여하게 됨으로써 이루어진다는 뜻이다. 이것도 세대교체가 아니다.

특정 세대가 정치적으로 주도력을 가지고 다른 세대를 리드해 나가는 것도 불가능하다. 우리만이 할 수 있다는 신념으로 뭉친 세대 이기주의는 다른 세대를 이끌어 나갈 수 없기 때문이다. 한 세대에 속한 리더십이 그 세대의 울타리 안에 갇혀 모든 세대를 포괄할 수 없게 되면 반대로 점차 그 세대는 다른 세대로부터 포위되며 고립된다. 그러므로 특정 세대가 갖는 세대적 리더십은 과거에도 없었고 지금도 없다.

반면에 어떤 세대에 속한 리더가 자신이 속한 세대 안에서는 물론 다른 세대를 포괄하는 리더십을 가질 수 있다. 이 경우 세대를 뛰어넘는 리더가 탄생하게 된다. 그러나 이 경우에도 그 리더가 속한 세대로서의 리더십과는 다른 것이다. 예를 들어 40대의 케네디가 미국 대통령이 되었다고 해서 이를 세대교체라고 말할 수 없고, 더 나아가 이제 미국이 40대 세대가 세대적으로 주도력을 갖는 국가가 되었다고 말할 수 없는 것과 같다.

어떤 의미에서든 세대는 없애려 해도 없어지지 않는 현실적인 존재이기 때문에 서로 의존하다가도 대립하고 투쟁하게 되는 것이다. 세대 문제는 인류 역사가 시작된 이래 계속된 이슈였을 것 같다.

내가 60대에서 멀어지고 70대에 더 가까워지는 세대로 들어섰으니 노년 세대의 이야기를 조금 언급해 보자. 누구라도 어느 세대에 속하게 되면 그 세대적 이해에 민감해지며 그 세대가 되기 전에는 절대 알 수 없는 무엇이 있다고 말한다. 사실이다. 노안이 주는 답답함과 상심을 제대로 이해하는 젊은이가 어디 있으며, 지금 대한민국에서 결혼을 주저하고 결혼하더라도 자녀를 갖지 않으려는 젊은이를 이해하는 아버지 세대가 어디 있을까.

그리고 이 차이를 어떻게 극복할까. 더구나 그런 차이와 다름을 이용해 세대 간의 갈등을 충동하며 자신의 팬덤을 만들고, 작은 이익을 챙기려는 정치 기술자들이 있다. 그들은 자신들의 행위가 민주주의라고, 투쟁이라고 외친다. 그들은 리더가 아니다.

청년 이야기도 해보자. 내 기억으로는 과거 젊은이들은 거의 민주당 지지자였다. 나는 나의 과거 선거에서 20대는 대다수가 나를 지지했던 걸로 기억한다. 그런데 지난 대선 전, 나의 학생운동 후배인 고대 교수와 술자리를 한 적이 있었다. 그 교수는 정의감이 남다르고 유학도 다녀와 기대받는 인재였으므로 나는 그를 믿고 그에게 그의 대학원 수강생 중에서 정당 선호도를 조사하면 어떤 경향이 보이는지 물었다. 그 교수는 간단하게 "국힘당 몇 명이 있고 민주당 거의 없고 정의당 한둘 있습니다. 나머지는 무관심합니다."라고 말했다.

그로 인해 학생들의 생각이 궁금해진 나는 1980년 이후 처음으로 고대 총학생회를 찾았다. 여러 대기업 광고 부스와 취업 관련 홍보물의 홍수 속에 묻힌 학생회관의 풍경은 과거와는 너무 달라 낯설었다. 총학생회장의 안내로 학교를 천천히 둘러보고 대화를 나누었다. 나는 분단 조국의 징집 제도와 북한 핵 문제, 한반도 평화 정착과 민족의 통일 등에 대해 질문했고 지금 학생들이 제일 관심 있는 것이 무엇이냐고 묻기도 했다. 이런 질문에 대해 기억될 만한 답은 듣지 못했다. 그러나 지금 학생들이 제일 관심 갖는 것에 대해서는 기억이 난다. 사람마다 다르지만 "평생 다시 못 올 20대를 행복하게 보내는 것"이라고 했던 것 같다.

그 후 나는 역대 고대 민주 총학생회장 모임을 고대에서 갖게 되었다. 내가 학생회관 엘리베이터를 타고 가다가 총학생회가 몇 층인지 기억이 안 나 같이 탄 서너 명의 학생들에게 총학생회 사무실이 몇 층인지 물어보았지만 아무도 알지 못했다.

  내가 과거 386의 맏형이라고 불렸으니 386(지금의 586) 세대에 대해서도 이야기해 보자. 386 세대는 과거 87년 6월항쟁을 주도한 세대이며 군사 독재에 맞서 승리해 나간 세대여서 그 전 세대에 비해 낙관적이라고 할 수 있다. 그 구성원 내부의 친밀도가 높고 일부는 지금 민주당 내에서 핵심적 위치를 맡고 있기도 하다. 나는 386 세대보다 윗세대인 긴급조치 세대에 속하고 그 세대의 특징인 고독한 결단, 혹독한 후과 그리고 감성적 성향 등을 그대로 간직하고 있었지만, 5.18과 고난의 노동운동을 통해 당시 386 세대와 연대하면서 긴급조치 세대보다는 386 세대와 동질성이 높아졌다고 생각된다. 실제 그런 과정을 통해 386 세대와의 사이에 생긴 유대는 상당히 강력했다. 그리고 나중에는 내가 그 세대에게 정치 참여를 권유하고 현실 정치에 참여할 수 있도록 작은 다리가 되고자 노력하면서 민주당 내 386 세대의 맏형이라고 불리기도 했다. 그러므로 민주당 내 386 세대의 정치적 과실에 대한 평가를 한다면, 나도 그 평가 대상이 되어야 한다. 물론 시간이 지나면서 그 유대는 약화되었고 나의 정치적 휴식은 이것을 더욱 가속화시키면서 개인적으로 소원해진 사람도 있지만 그것도 정치적 분화이며 자연스러운 진화 과정일 것이다.

지금 386에 대한 비판과 퇴진론이 더 젊은 세대에 의해 제기되고 있다. 이미 기득권화된 이 세대에 대해 더 이상 지지할 필요가 없으니 퇴진하고 후배들에게 자리를 내주어야 한다고 주장한다. 나도 과거 386 세대가 민주주의의 정착에 치른 남다른 희생은 기억해야 하지만, 그 시대는 이미 지나갔다고 생각한다. 성장한 국민의 민주 의식이 그 자리를 대신하고 있다. 더구나 386은 자기 세대 중심적 사고가 깊어지면서 위, 아래 세대와 서서히 분리되기 시작했다. 또 일부는 운동권 엘리트주의에 빠지는 오류도 범했다. 아마 나도 그랬던 것 같다. 그 결과 386이 다른 세대를 리드해 나가기는커녕, 오히려 다른 세대로부터 공감을 얻지 못하고 고립되고 포위되는 결과를 초래했다고 생각된다. 그런 의미에서 나는 지금 386 세대는 전체를 아우르는 정치 세력으로서 세대적 의미를 상실했다고 본다.

그러나 386이 정치 세력으로서 세대적 의미가 사라졌다고 해서 386이 일률적으로 세대교체의 대상이 되지는 않는다. 그것도 인위적으로 그렇게 되어서는 안 된다. 또 현실적으로 386이 아니더라도 세대는 다른 세대로 인위적으로 교체되지 않는다. 나이가 들어도 우리 국민이고 나이가 어려도 우리 국민이며 국민 속에서 국민이 가장 원하는 무엇을 위해 가장 열심히 실천한다면 나이에 상관없이 누구라도 리더로 성장할 것이기 때문이다. 나는 386 세대 안에도 그런 자질을 갖고 사고하고 노력하는 사람이 있다고 생각한다. 그것은 옥석을 가리는 일이며, 정치 세력으로서 386에 대한 전체적인 평가와는 다른 수준의 문제이다.

다시 노년층과 청년층으로 돌아가 보자.

60대 이상의 세대는 상대적으로 그 수가 더 많아지고 시간이 갈수록 정치·경제·사회·문화적으로 점점 더 같은 처지에 놓이고 있다는 사실을 본능적으로 자각해 가고 있다. 그 결과 건강, 세대 간 갈등, 생활고, 요양원과 노후 생활 등등의 문제가 개인의 수준을 넘어 공동의 또는 정치적 문제로 심각하게 떠오를 것이다. 여기에 인터넷의 급속하고 광범한 발전은 피곤하게도 기계와 씨름해야 하는 노년층의 소외와 갈등을 한층 더 부추겨 왔다.

우리나라가 OECD 국가 중 가장 높은 자살률(21년 OECD 평균인 인구 10만 명당 11.1명의 2배가 넘는 23.6명에 이르는 자살률)을 기록하고 있고, 우리나라 안에서는 70대 이상의 노년층 자살률(21년 인구 10만 명당 70대 41.8명, 80대 이상 61.3명)이 다른 세대에 비해 압도적으로 높아, 우리나라 노년층이 처한 현실을 그대로 보여주고 있다. 결국 우리나라 노년층의 높은 자살률이, 우리나라가 OECD 국가 중 가장 높은 자살률을 기록하게 만들고 있는 것이다. 이처럼 우리나라가 노년층의 자살

왕국이라는 오명은 우리나라 청년층의 저출산 왕국이라는 오명과 함께 확실히 나라의 운명이 걸린 중대한 국가적 문제가 되었다.

그러나 우리나라 산업화와 민주화를 이루기 위해 피땀 흘린 세대, 60대 이상의 노년층은 이렇게 불행 속에 몰락하고 있어도 사회의 주목을 받지 못한다. "노인을 위한 나라는 없다."라는 말처럼 노년층은 다른 세대보다 더 참고 견디며 지내는 데 더 익숙한 세대이기 때문이다.

청년층의 자녀 기피와 나아가 결혼 기피는 노년층의 불행과 맞물려 있다. 청년층의 그런 현상은 우리나라 자본주의가 급속히 성장하면서 생겨난 물신주의와 이기주의의 산물인지도 모른다. 청년층은 자신의 세대가 노년층과 어떤 관계로 나아가야 하는지 알지 못했고 서로를 이해할 여유를 갖지 못했던 것 같다. 우리나라 산업화와 민주화에 대한 노년층의 기여는 잊혔고 그런 이야기를 들을 기회도 거의 없어 보인다. 그래서 이 두 문제는 맞물려 있다.

늙고 병든 광부가 그 자녀에게 자신이 부끄럽게 느껴진다는 사실을 알고 투신자살한 사연이나 요양원을 둘러싸고 늙고 병든 노년 세대와 그 자녀들의 수많은 사연은 이제 일상이 되었다. 이런 상황에서 결혼하라는 부모의 권유에 신경 쓰는 청년은 거의 없고, 아이를 낳으라는 부모의 이야기에 신경 쓰는 젊은이는 더더욱 없다. 정치에 있어서도 부모의 의견을 존중하던 청년들이 이제는 반대로 부모를 가르치려 한다. 인터넷에 넘치는 정보도 청년층의 편을 든다. 2023년 2분기 우리나라 합계 출산율은 0.7 정도라니, 2.1이 넘어야 인구가 줄지 않는다는 학자들의 경고는 무용지물이 되었다.

  이기적 태도는 누구나 있다. 그러나 세대를 넘어 남을 배려하고 존중하며 함께 사는 법을 배우고 서로 이해하려는 사람들을 공개적으로 비난하고 세대적 적대 관계를 공개적으로 표시하고, 세대 간 전투를 위해 자신의 세대 안에서만 결속을 다진다면 이것은 이기적 태도가 아니라 세대 이기주의다. 더구나 정치인이 정치적 이해를 따져 그런 세대 이기주의에 편승한다면 안 될 일이다.

  이미 만천하에 드러난 세계 최저의 청년층 출산율과 세계 최고의 노년층 자살률을 보고도 그냥 지나간다면 우리 사회는 더 이상 희망을 찾을 수 없다. 정치권은 우선 무엇보다 세대 간의 갈등을 부추기지 말고 머리를 맞대고 의논해야 한다. 연관 기관과 단체와 함께 이 야박한 자본주의 사회에서 인간으로 사는 법을 기초부터 다시 시작해야 한다.

지금 세대 간의 언어는 사투리 같다. 말이 잘 통하지 않을 정도로 정치적으로 다른 영토를 형성하고 있다. 하지만 아직 늦지 않았다. 지금보다 격차가 더 벌어져 세대 사이의 말이 외국어가 되기 전에 그들 사이에 소통의 다리가 놓여야 한다. 나는 얼마 전 386의 몇 사람과 이야기하는 도중에 청년 세대와 대화가 안 되니 잘 안 만나게 된다는 말을 듣고 그래서는 안 되며 더구나 우리는 정치인이니까 그럴수록 더 만나야 한다고 말한 적이 있다.

우리나라의 현재 세대 간의 문제는 심각하지만 소통이라는 다리를 통해서 충분히 해결할 수 있다. 그런데 그 세대 간의 소통은 지금 시작해야 한다. 결코 배제할 수 없는 우리 공동체의 평등한 구성원인 사람에 대한 사랑에 바탕을 두지 않으면 안 된다. 우선 가족 구성원 간의 소통을 기반으로 하는 소통이 세대 간 소통의 시작이다. 산업화와 민주화를 번개처럼 이룩한 우리나라는 국민이 이 문제의 심각성을 제대로 느끼기만 한다면 사랑의 다리 또한 번개처럼 놓을 수 있다.

나는 그동안 세대 문제뿐만 아니라 여타의 정치적 문제에 대해서도 같음에 담합하지 않고 항상 다름에 뛰어들었다. 그러면서 나는 다리가 되고 싶다고 늘 말해 왔다. 그것은 내 정치의 동기이자 앞으로의 결과일지도 모르겠다.

나는 당시 야당이던 평민당과 재야 사이에 다리를 놓아 단계적으로 신민주연합당과 민주당이라는 통합당에 이르도록 하면서 정치에 입문했다. 그리고 분열된 열린우리당과 민주당 사이에 다시 다리를 놓아 단계적으로 대통합민주신당과 통합민주당에 이르도록 했다. 또 노무현 후보와 정몽준 후보 사이에 다리를 놓아 야권 단일 후보에 이르도록 했다.

앞으로도 남은 시간, 나는 진정으로 다리가 되는 정치를 하고 싶다. 남북 간의 다리, 동서 간의 다리, 세대 간의 다리, 사용자와 노동자 간의 다리, 부자와 빈자 간의 다리 등등 말이다. 이것이 정치 아닌가. 그리고 이 다리는, 지금의 분열과 대립이 아닌 다른 시간과 다른 수준에서 세워야 하는 사랑의 정치, 인간의 정치의 모습이며, 누구나 밟고 지나가게 될 아름다운 희생이자 성숙된 민주주의의 토양이다.

2부

나의 어머니, 우리의 어머니

어머니의 전쟁

걷기 힘든 어머니를 부축하여 화장실에 가다 함께 넘어져 내가 밑으로 깔렸다. 깜짝 놀라 내 머리를 붙잡고 있던 어머니가 문득 내 머리를 만지면서 하는 말이 나를 울린다.
"니 머리가 하얗구나."

토요일 광화문 집회에 참석하는 것을 제외하면, 두 달 넘게 병원에 입원하여 문자 그대로 사투하고 있는 어머니를 보는 것이 유일한 일과였다. 어머니는 매일 성북노인종합복지관에 일찍 출근하여 걷는 운동으로 체력을 단련해 왔지만 두 달 전 초인종 소리에 일어나다가 넘어져 머리를 다치는 바람에 뇌출혈이 생겨 고인 피를 뽑아내는 수술을 두 번 받았다. 두 번의 전신 마취의 후유증일까. 머리는 치료되었지만 아직 걷지 못하는 자신을 인정하지 못하고 의사, 간호사, 간병인 모두를 향한 투쟁을 두 달 넘게 계속하고 있다. 극도로 피곤한 이 투쟁이 도무지 중단되지 않는 것은 어머니의 자존심일지 모르겠다. 기어서라도 화장실에 자신의 힘으로 가겠다는 필사의 싸움, 손이 떨려도 자신의 손으로 먹겠다는 식사 때마다 싸움, 기도가 막혀 폐렴에 걸리면 위험하다는 경고에도 코로 음식을 섭취하기를 완강하게 거부하는 싸움, 오랜 입원과 전신 마취 때문에 오는 기억력의 흔들림과의 고독한 싸움……. 그래서 어머니는 어머니를 돕고 있는 의사, 간호사, 간병인은 물론 심지어 같은 병실에 입원 중인 환자들 사이에서도 도무지 병원의 말을 듣지 않는, 혀를 내두르는 공공의 적이 되었다.

 나는 외로운 어머니의 편이 되기로 결심하고 우선 담당 의사를 만나 육체적 고통보다도 정신적, 정서적 고통이 더 문제 같다고 말하고, 병실을 잠시라도 떠나 일단 집으로 가게 외출을 하게 해 달라고 요청했다. 신경외과 의사는 흔쾌히 동의해서 외출 준비를 하는데 재활과의 젊은 의사는 병실까지 뛰어올라와 여러 위험이 있다며 안전 설비가 갖춰진 병원에 입원해 있는 것이 더 좋겠다며 반대했다. 하지만 나는 심리적으로 큰 어려움을 겪고 있는 어머니를 위해 일단 어머니를 집으로 모셔 왔다. 걱정이 되는 것도 사실이었지만 환자도 인권이 있다는 생각으로 가능한 어머니의 의사를 최대한 존중하려 했다.

이때 어머니는 자신이 지금 걷지 못한다는 것을 비로소 깨닫지 않았을까 생각되었다. 그렇게 집에 온 어머니는 겨우 몇 순가락의 죽을 먹고 병원에서 주는 약을 먹고 저녁 9시부터 다음 날 9시까지 무려 12시간 이상을 미동도 않고 잠에 들었다. 하도 곤히 자는 모습이 간병인의 말과는 너무나 달라 혹시나 하는 생각이 들어 어머니의 코에 손을 몇 번이고 대 보아야 했다.

그리고 일어난 어머니는 어머니 나름의 일상을 챙기기 시작했다. 참기름은 어디 있고 통장은 어디 있으며 김치가 너무 오래 묵어 못 쓰게 되었을지도 모른다며 이전 어머니의 일상을 챙겼다. 어머니가 병원에 있는 동안 베란다에 놓인 화분 6개가 시들었다며 나를 타박하기도 했다.

다시 병원에 갈 시간이 다가오자 나는 답답해지기 시작했다. 어머니가 거부하면 어쩌지 하는 조바심이 나를 망설이게 했다. 그러다가 용기를 내어 나는 휠체어에 앉아 있는 어머니에게 할 말을 몇 번이고 정리한 다음 차분히 이야기했다.

"어머니가 오래 입원해서 다리에 힘이 없어 걸을 수 없어요. 힘들지만 다시 병원에 가서 다리 힘을 기르는 연습을 하고 오시면 제가 부축하지 않아도 화장실에 갈 수 있어요."

어머니는 말이 없었다. 한참 후에 어머니는 고개만 끄덕였다. 어머니를 모시고 병원에 다시 가자, 병원에서는 완전히 달라져 차분해지고 부드러워진 어머니를 보고 놀라워했다. 그러나 시간이 지나 병원을 나서야만 했다. 그때 나는 병실을 나올 때 나를 바라보던 어머니의 눈빛에 대한 기억을 영원히 지울 수 없을 것 같다.

2016년 12월

우는 아이

　뇌출혈로 두 달 넘게 입원해 있던 어머니는 집으로 외출을 한 뒤 놀랍도록 좋아졌다. 하지만 다시 입원을 하자 매일 나에게 꿈 이야기를 해서 나를 놀라게 했다. 힘든 수술과 오랜 병원 생활 때문에 꿈과 현실을 혼동하는 섬망 증세가 어머니에게 나타난 것이다. 어머니의 섬망 증세는 어머니와 나를 괴롭혔다. 길거리에서 울고 있던 7살 난 아이가 불쌍해서 집으로 데려왔는데 가서 그 아이에게 밥을 주어야 하니까 나에게 집으로 데려가 달라고 거듭 말한다. 꿈을 꾸어서 그렇다고 몇 번을 이야기해도 다시 7살 난 불쌍한 아이 이야기를 멈추지 않는다. 어머니가 못 가면 아이가 밥을 못 먹어 굶어 죽을 것이라고 말한다. 아무리 불쌍해도 그냥 놔두고 올걸 그랬다고 하더니 급기야 아이가 굶어 죽었다고 단언하기 시작하다가 어제는 굶어 죽은 아이의 몸이 말라비틀어져서 주먹만 하게 작아졌다고 말하기 시작했다.

나는 함께하려던 회원들에게 광화문 촛불 집회에 참가할 수 없음을 알리고 의사에게 두 번째 외출을 요구했다. 그리고 나는 크리스마스이브의 찬 바람 속에 어머니를 담요로 둘둘 둘러싸고 함께 집으로 돌아왔다. 사실은 나도 어머니의 7살짜리 아이 이야기 때문에 조금은 흥분되기도 했던 것 같다. 나와 함께 집에 돌아온 어머니는 점심 무렵까지는 조금 횡설수설하더니 갑자기 저녁을 먹을 새도 없이 잠에 떨어져 다음 날 9시까지 문자 그대로 죽은 듯이 잠을 잤다. 그 길고 깊은 어머니의 잠 이후 아침에 문득 일어난 어머니는 방 안을 두리번거리더니 나를 발견하고는 잠 때문에 화장실을 가지 못하고 기저귀에 소변을 본 것을 몹시 부끄러워하며 깨우지 않은 나를 여러 번 탓했다. 이불을 덮고서는 젖은 기저귀를 갈아 드리려고 해도 직접 하겠다고 필사적으로 노력하며 나를 물리치려고 했다. 점심 무렵 내 아들 내외와 내 아들의 9개월짜리 아들이 와서 재롱을 피우자 어머니는 증손자의 귀염에 모처럼 함박웃음을 지으며 휠체어에 증손자를 태우고 즐거워하기도 했다.

저녁 무렵 다시 병원으로 갈 시간이 되어 가자 어머니는 말이 없어졌다. 다만 '가려면 어서 가자.'라고 말할 뿐이었다.

　어두운 길을 달려 병원에 다시 어머니를 보내고 다음 날 아침 일찍 어머니를 찾아가자 어머니는 좁은 병상 커튼 칸막이 뒤에서 눈을 뜨고 있었다. 어제저녁 한숨도 못 잤다고 했다. 재활 치료에도 건성으로 임하며 발음도 더 빗나가고 빨갛게 부은 얼굴에 힘없는 눈으로 나를 쳐다보기만 했다. 그때 어머니 바로 옆의 병상에서 어머니 또래의 할머니를 간병하는 딸인 듯한 여성의 앙칼진 음성이 어머니와 내 귀를 때렸다.

"엄마 말 안 들으면 요양원에 보내 버릴 거야."

　나는 순간 어머니의 얼굴을 살폈다. 어머니도 순간 나의 얼굴을 살폈다. 조금의 침묵의 시간이 흐른 뒤 나는 담당 의사를 만나러 병실을 나오며 생각해 보았다.

"우리 어머니들에게 요양원은 무엇일까."

2016년 12월

전쟁의 승리

뇌를 다쳐 70여 일 동안 병원에 입원해 전신 마취를 두 번이나 하고 두 번의 뇌 수술을 받은 90세의 어머니가 이 심각한 상황을 이겨낼 수 있으리라고 생각하는 사람은 의사를 포함해서 거의 없었다. 다행히 수술은 성공적이었지만, 그 후유증은 심각했다. 다리는 걷지 못했고 머리는 섬망 증세를 보였으며 대소변을 위해 기저귀를 써야 했고 음식을 입으로 거의 먹을 수 없었다. 어머니는 입원 기간 내내 전력을 다해 자신에게 찾아온 상황 전체에 대해 저항했다. 걸으려고, 기억을 되찾으려고, 화장실을 혼자 힘으로 가려고, 음식 넣는 콧줄이 아니라 입으로 밥을 먹으려고, 70여 일 내내 어머니는 절대 포기하지 않았다. 급기야 걷지도 못하는 어머니가 화장실에 가려고 몸부림칠 때마다 병원은 어머니를 부축해서 화장실에 보내려고 노력하기보다는 '부상을 예방하기 위해서' 밤중에는 아예 어머니의 두 손을 침대에 묶어 버리는 방법을 택했다고도 했다.

의사와 나의 짧은 대화.

"무엇을 원하십니까?"
"마비가 온 것도 아니니 최소한 생활이 가능하도록 걷기를 원합니다."
"과욕입니다."

다들 요양원에 보내야 한다고들 이야기했지만 내 생각은 달랐다. 어머니의 그 같은 의지야말로 재활이 가능하다는 것이 아닌가 생각했다. 나는 아직 퇴원하기에는 이르다는 주변의 만류에도 불구하고 퇴원하여 집으로 모시기로 결심했다. 사실 어머니는 머리 수술이 끝난 직후부터 정신이 들 때마다 집으로 돌아가기를 간절히 원했다. 수술과 입원 스트레스 때문인지 병원의 분위기가 너무 싫고 죽어도 집에서 죽겠다고 거듭거듭 말해 왔다.

집에 돌아온 어머니는 편안해 보였다. 우선 나는 어머니에게 채워 놓은 기저귀를 뺐다. 부축해서라도 반드시 화장실 가서 대소변을 보아야 한다고 강하게 이야기했다. 집으로 돌아와 어머니의 식사를 흰죽에서 부드러운 쌀밥으로 바꾸었다. 물도 빨대가 아니라 컵으로 벌컥벌컥 마실 수 있게 했다. 음식이 기도로 들어가면 폐렴이 발생할 수 있다는 의사의 염려도 있었지만, 본인의 뜻대로 하지 못하면 어머니의 상태가 더 나빠질 것 같아 그렇게 했다. 하지만 결정적인 이유는 따로 있다. 다소 위험하더라도 어머니가 어머니의 소망대로 돌아가실 때까지 환자로 취급되고 부양되는 삶을 살아가지 않고, 오히려 돌아가실 때까지 자기 머리로 생각하고 자기 손으로 밥을 짓고 자기 다리로 화장실을 가는 삶을 다시 살아가기를 바랐다. 그러려면 우선 환자의 주변 환경부터 바꾸어야 된다고 나는 생각했다.

 어머니는 하루가 다르게 정서적으로 안정되어 갔다. 어머니는 병원에서 어머니를 도와주던 간병인이 집까지 온 것에 불만을 갖고 있었지만, 어머니가 걸을 때까지는 간병인의 도움이 불가피하다는 나의 간곡한 말에 그냥 넘어갔다. 이외에는 아마 의사들이 놀랄 일이 실제로 일어났다고 해야 할 것 같다.

 오늘 아침 어머니는 드디어 그토록 먹고 싶어 하던 보리밥을 손수 지어서 먹었을 뿐만 아니라 창문틀을 잡고 베란다로 나가 6개의 화분(어머니의 3남 3녀)에 손수 물을 주었다. 저녁 잠자리에 들 때는 10시간 넘게 깊은 잠에 빠져 소변을 참지 못하는 날도 있었지만 의식이 있는 한 어머니는 내가 만들어 놓은 손잡

이를 따라 걸어가 화장실에 가서 소변을 보았다. 그리고 어머니는 장롱에 있는 통장에 돈이 400만 원 들어 있을 거라고 주장하며 나의 부축을 받고 장롱으로 가서 서랍을 열고 주섬주섬 무언가를 뒤적이더니 은행 통장 하나를 나에게 주며 확인해 보라 하였다. 놀랍게도 정말 410만 원이 예금되어 있었다. 어머니의 의지가 만든 기적이었다.

병원이 환자를 치료하지만 때로 안전을 이유로 환자를 환자답게, 안전하게 길들이기도 한다. 화장실에 가서 소변을 보겠다는 환자에게 소변 줄을 달아 몇 달을 지내게 한다면 멀쩡한 사람도 조금씩 소변을 흘리는 버릇이 길들여져 소변 줄을 떼어도 소변을 참기 어려울지 모른다. 아니 영원히 소변 줄을 달고 살아야 할지 모른다. 기저귀 차기를 거부하는 환자에게 몇 달을 기저귀를 채우면 마찬가지로 영원히 기저귀를 채워야 할지 모른다.

수술 후유증으로 섬망 증세는 가끔 있었지만 어머니 상태는 점차 되돌아오고 있었다. 물론 위험은 도사리고 있다. 병원이 아닌 집에서는 넘어질 위험이 증가하고 기도로 음식이 들어가 폐렴이 올 수도 있으며 혈당 체크를 게을리해서 위험한 상황이 올 수도 있다. 그러나 어머니와 나는 위험하더라도 어머니가 그토록 싫어하는 병원 침대와 음식 그리고 그 분위기에서 벗어나 하루라도 어머니 주관으로 자신의 삶을 결정하며 자유의 공기를 마시는 것이 더 절실하다고 생각했다.

어느 저녁 나는 식당에서 사람들과 홍어를 먹다가 문득 어머니가 홍어를 좋아한다는 생각에 홍어를 싸 들고 가 어머니 앞에 놓았다. 홍어가 너무 크게 썰어져 먹다가 체하거나 기도를 막을까 봐 작게 썰려고 내가 가위를 가지러 간 사이에 어머니는 큼직한 홍어를 몇 점이나 이미 드셨는지 입안 가득히 홍어를 넣은 입으로 말했다.
"뭘 썰려고 하냐. 홍어는 한 볼테기씩 먹어야 제맛이지."

2017년 1월

새로운 시작

뇌출혈로 거의 두 달 반을 병원 침대에 누워 생활한 어머니가 집으로 돌아와 회복하고 있는 사이 나는 거의 매일 어머니를 볼 수 있어서 참 좋았다. 어머니와 함께 거실에 누워 두 팔과 두 다리를 들어 올리는 연습을 하다가 어머니가 "너무 많이 올리면 아프다."라고 하면 "나도 아파요."라고 말했다. 다리 운동을 위해 실내 자전거를 사려고 나의 생각을 말하니 돈 들이는 일이라고 손사래를 쳤다.

그런데 큰일이 생겼다. 전세로 1억 3천에 살던 어머니 집이 팔려 이사를 가야 했기 때문이다. 친지들 사이에서 다시 요양원이 편하고 저렴하다는 이야기가 나올 만한데 나의 태도가 너무 완강하여 크게 나오지는 않았다. 오래 걷는 게 다소 힘들지만 장애가 아니라는 어머니의 거듭된 주장에도 불구하고 어머니는 장애 2급 판정을 받았다.

   이 상황에서 어머니가 그토록 원하는 어머니만의 독립 공간과 생활이 가능할까 내심 걱정하면서도 나는 과일 장사하는 아들에게 어머니가 거주할 공간을 1억 3천의 범위 내에서 찾아보라고 부탁했다. 이것저것 뒤지며 부지런히 돌아다니던 아들이 종암동 나의 집 근처에 1억 원짜리 전세를 선택했다. 이전에 비해 초라한 단독 주택의 사랑채였지만 나와 어머니는 이사를 주저 없이 단행했다.

   겨우 문 사이로 비집어 넣은 장롱과 어머니 침대, 냉장고 하나, 그리고 간병인이 쉴 공간 하나를 보고 내 마음은 철렁했지만 어머니는 만족했다. 어지러운 이삿짐 사이에서 불안한 걸음으로 직접 이것저것 찾고 정리하는 어머니의 모습에서 나는 걱정과 함께 저 성질 때문에 지탱하는 어머니의 주체를 본다.

   90세의 새출발 어머니를 위하여!

2017년 2월

섬망

아파트에서 새로운 집으로 이사한 지 얼마 후, 새벽 5시에 어머니로부터 전화가 왔다. 지금 목포 유달산인데 여관에 있으니 걱정하지 말라는 것이다. 어머니 집으로 바로 달려가 보니 어머니와 간병인 아주머니가 실랑이를 벌이고 있었다.

새로운 전셋집을 여관으로 여겨, 여관을 나와 집으로 가려는 어머니와 그런 어머니를 보고 여기가 집이라고 말하는 간병인 아주머니 사이의 실랑이였다. 아주머니는 새벽부터 잠을 설치게 만든 어머니에게 화가 잔뜩 나서 어머니 앞에서 어머니가 노인성 치매가 심각하다고 했다. 나는 그렇지 않다고 말하고는 어머니가 밥을 하려고 하면 말리지 말고 넘어지지 않게만 주의하고 어머니가 집안 물건을 하나하나 챙기고 간수하려 하면 어머니의 주관을 말리지 말아 달라고 부탁했다. 주섬주섬 옷가지를 챙겨 입고 있는 어머니의 방으로 가서 나는 수척한 어머니를 꼭 안고 귓속에 가만히 말했다.

"어머니 고향, 해남에 가고 싶어 어젯밤에 꿈을 꾸셨나요?"
"내가 꿈꾸었을까······."

이 대화로 어젯밤의 착각은 간단히 해결되었다.
그날 잠에 들지 못했다는 어머니는 뒤척뒤척 선잠 끝자락에 고향에 다녀오고 꿈과 현실 사이를 왔다 갔다 하셨던 것이다. 왜 그런 비몽사몽이 있었을까 생각하다가 순간 저혈당이 아니었을까 하는 생각이 스쳐, 급히 혈당 측정기로 혈당을 재 보니 저혈당이 분명했다. 어제 저녁을 먹은 시간을 물으니 오후 5시라고 했다. 10시간 넘게 식사를 못해서 그놈의 저혈당이 어머니의 비몽사몽을 도운 것이다. 어머니의 혈당이 안정되어 가자 순간적으로 내가 혈당 체크를 잊은 것이다.
점심까지 나와 함께 지내며 점차 안정을 되찾은 어머니는 "내가 죽을 때가 되었나 보다."라고 한다. 나는 "아니에요. 제가 혈당 체크를 제때에 하지 못해서 그래요."라고 말하고, 오후에는 어머니가 자주 찾는 월곡동의 작은 마을 공원에 함께 가서 어머니 친구들과 이야기하며 즐거운 하루를 보냈다.

90세 어머니의 독립생활이 언제까지 갈 수 있을지 모르겠지만 어머니의 간절한 소망인 '간병인 아주머니를 내보내고 내 손으로 보리밥을 짓고 내 손으로 설거지를 하며, 내 발로 걸어 성북노인종합복지관에 나가 친구들을 만나는 날'이 하루빨리 오도록 나는 나의 어머니를 응원할 것이다. 다리 힘을 기르기 위해 나의 아들 그러니까 어머니의 손자가 사다 준 실내용 자전거를 열심히도 타는 어머니를 보며 어머니의 강인한 주체를 나는 다시 한번 본다.

2017년 3월

어머니와 봄날의 데이트

어머니는 어머니 자신과 어머니 주변의 일상적인 것들에 대해 자신이 주관하지 않으면 못사는 분이다. 그래서 24시간 어머니를 돌보던 간병인 아주머니는 고달프고 힘들었을 것이다. 누구의 도움 없이 옷을 스스로 입으려는 싸움부터 시작해서 밥을 짓고 반찬을 만들고 음식을 먹는 과정에서 스스로 하려는 어머니와 어머니를 도우려는 아주머니의 싸움은 그치지 않고 일상에서 늘 일어난다.

오늘은 고대 병원에 가서 두 번의 머리 수술을 받은 뒤의 경과를 살펴보러 가는 날이었다. 의사로부터 매우 양호하여 6개월 후에 오라는 말을 듣고, 그리 춥지 않은 이 봄날 나는 어머니와 데이트를 하기로 했다.

▲ 봄날의 데이트

 우선 나는 신발 가게에 들러 외출할 때마다 몸을 숙이기가 힘들어 신발을 제대로 신지 못하는 어머니를 위해 밑창이 부드러우면서 신고 벗기가 쉽고 가벼운 신발을 하나 샀다. 머리 수술 때 삭발한 것이 아직도 자라지 않은 어머니를 위해 예쁜 모자도 하나 샀다. 중국 식당에 가서 멋진 점심을 먹기로 했다. 조금 아슬아슬해 보이기는 하지만 어머니는 긴 젓가락을 단단히 잡고 음식을 거뜬히 들었다. 긴 코스 요리를 하나도 남김없이 단숨에 먹던 어머니는 나를 문득 바라보더니 왜 이리 늦게 먹느냐고 나무랐다. 그리고는 식탁 주변에 어머니가 흘린 음식물을 하나하나 손으로 집어 빈 그릇에 담아 놓았다. '누가 음식물을 흘린다고 자꾸 구박했나 보다.' 하고 생각하면서 높은 의자 밑으로 고개를 숙여 바닥에 흘린 음식물 하나하나를 열심히 주워 담는 어머니의 작고 휘고 여윈 등을 보니 내 마음속 한구석에서 찬바람이 일었다.

"어머니, 저도 60이 넘어 이제는 밥 먹을 때 음식물을 자꾸 흘려요."

내 말을 못 들은 듯 어머니는 굽힌 허리를 천천히 세우더니 이윽고 낡고 작은 지갑을 호주머니에서 꺼냈다. 꼬깃꼬깃 넣어 둔 지폐 중에서 5만 원권 2장을 나에게 주며 밥값이라고 한다. 이번에는 마음속 한구석에서 뜨거운 바람이 이는 것을 지그시 누르면서 내가 카드로 계산하겠다고 몇 번을 말했지만 소용없었다. 5만 원권 하나를 받으면서 마음속으로 '실업자 아들'에 대한 어머니다운 배려라고 단정 지어 버렸다.

나는 어머니에게 엉뚱한 질문을 하나 던진다.
"젓가락을 그리 잘 잡으면서도 왜 아까 의사가 '젓가락질 잘해요?'라고 물었을 때 '잘 못해요'라고 대답했어요?"
"의사 앞에서는 그렇게 말해야 되는 것 아니냐."

"……."

집으로 돌아와 기분 좋은 데이트를 마치려는데, 식사도 잘하고 기운을 차린 어머니는 다시 전쟁을 선포했다. 오늘 병원에서 받은 6개월분 약을 누가 주관할 것인가를 놓고 벌어진 전쟁이었다. 내가 보기에도 너무 복잡해서 4가지 약을 아침과 저녁 그것도 식전과 식후로 분리해서 책상 위에 나란히 올려놓고, 간병인 아주머니를 불러 설명하고 있는데, 어머니는 "내가 먹는 약은 내가 제일 잘 안다."라며 그냥 큰 봉투에 넣어 놓기만 하라고 한다.

오늘 의사들이 말했듯이 어머니는 어머니의 기적을 스스로 이루어 냈다. 걷지 못한다는 어머니는 이제 100m도 혼자 걸으며, 먹지 못한다는 어머니는 나보다 더 빨리 더 많이 그것도 제때에 꼭 먹고 있다.

"어머니, 어머니가 일구어 내고 어머니가 주관해 나갈 90세 어머니의 삶입니다. 저는 그것이 너무 자랑스럽습니다. 다만 짚지 않고 들고만 다니더라도 지팡이 하나 친구처럼 몸에 끼고 다니시면 좋겠습니다."

2017년 3월

이 세상 끝까지
자식 걱정

　90세의 어머니는 뇌출혈과 2번의 수술 끝에 재기에 성공했고, 당신의 주관으로 일상을 살아가게 되었다. 재활이 불가능할 것이라는 의사의 의견이 잘못될 수 있다는 사실을 어머니는 입증했다. 오로지 자신의 노력으로 집 안에서의 일상을 되찾은 어머니는 이제 집에서 500m이상 떨어진 성북노인종합복지관을 걸어서 찾아갈 뿐만 아니라, 입원하기 전 옛 친구들과 반갑게 인사하고, 러닝머신 위에 스스로 올라가 10분 정도를 천천히 걸으실 수 있도록 되었으니 말이다. 담당자는 어머니가 넘어질 우려가 있으므로 러닝머신만은 삼갔으면 한다는 말을 반복해서 했지만, 어머니는 반복해서 일언지하에 거절했고, 나는 그 담당자에게 "어머니가 사고가 나면 그것은 내 책임이다."라고 잘라 말하며, 담당자의 부담을 덜어 주기 위해 노력했다.

　오늘 따뜻한 봄 햇살 아래 마당에 나와 상념에 잠겨 있던 어머니는 나를 보더니 "니가 지금 대통령 선거 유세 해야지 어째서 여기를 왔냐?"라고 힐난한다. 내가 "그냥 갈까요?" 하니 "기왕 왔으니 밥 먹고 가라."라고 하며 곧바로 대문을 열고 앞장선다.
　당뇨병이 있는 어머니는 어느새 근처의 횟집을 겸한 메밀국숫집으로 나를 안내했는데 눈치를 보니 이미 어머니는 이 식당에 여러 번 찾아왔는지 주인과 어머니의 눈인사가 보통이 아니다. 초밥과 메밀국수 세트가 1만 원인데 어머니가 계산하겠다고 하는데도 내가 계산을 하고 나오자 화가 났는지, 돌아오는 길에서 나에게 꾸지람을 한다.

　"저 사람이 너에게 인사하지 않냐."

　뒤돌아보니 일하던 아저씨 한 분이 길가에 걸터앉아 나를 보고 다시 반갑게 인사하고 있었다. 나는 어머니 손을 놓고 황급히 되돌아가 "아, 제가 연로하신 어머님께 신경 쓰느라고 인사하는 것을 못 보았습니다."라고 인사한 후 악수를 하고 다시 어머니 곁으로 왔는데 어머니 말씀이 더욱 한 걸음 나간다.

"사람이 그러면 못써."
"네, 어머니."

 이제 어머니는 반년간의 사투 끝에 스스로의 힘과 의지로 거의 입원 이전으로 돌아왔다. 아직도 가끔 새벽 잠자리가 현실과 혼동되어 "어제저녁에 우리 집 앞에서 아이가 울고 있더라."라는 말을 하곤 하지만, 이내 꿈이었음을 알게 되었다.
 이 글이 큰 고비를 넘긴 내 어머니를 걱정하는 마지막 글이 되기를 진심으로 바란다.

 그리고 어머니 말씀처럼 민주당 대통령 후보 문재인을 위한 나의 작은 노력과 실천을 하나하나 적어 나가야겠다. 백의종군하면서…….

2017년 4월

요양원

어머니는 늘 나에게 왜 정치를 하느냐고 물었다. 어머니는 80년 광주에서의 악몽을 생각해서 우선 그럴 것이고, 또 시끄러운 세상에서 정치를 한다는 아들이 걱정되어 그럴 것이다.

1년 전, 2017년 7월 13일 갑작스러운 1년간의 이별을 고하러, 1년간 외국 출장 간다고 어머니께 인사드리러 간 자리에서 어머니는 정신이 혼미했다. 같이 간 친구는 참 많은 눈물을 쏟으며 어쩔 줄 몰라 했다.

두 번의 큰 수술을 받고도 아들과 함께하기 위해 노구에도 불구하고 생애 마지막 힘을 다하며 독립된 노년 생활을 꿈꾸던 91세의 어머니는 내가 없는 그 1년 사이에 형제들의 권유를 받아들여 그렇게도 싫어하던 요양원에 스스로 들어갔다.

1년 후, 내가 찾은 경기도의 작은 민간 요양원에서 어머니는 몇 분의 할머니들과 거실에 쓸쓸히 앉아 있었다. 단정하고 작은 몸을 겨우 이겨내며 천천히 고개를 돌려 나를 한참 쳐다본다. 그리고 어린아이 같은 웃음을 지으며 무심코 던진 말씀 하나로 나를 통째로 무너뜨린다.

"오메……."

함께 요양원을 나와 근처 식당으로 가서 어머니가 좋아하는 양배추샐러드를 오리고기와 함께 먹으면서 어머니는 이 요양원에서 잘 적응하고 있는 것인지, 집으로 모셔야 하는 것은 아닌지 등등의 생각을 하고 있는 사이, 내 눈에 어머니가 양배추샐러드를 젓가락으로 집어 먹으며 흘리지 않도록 몹시 애쓰는 모습이 오래된 비디오테이프처럼 끊기면서도 느리게 들어왔다. 그러다가 어머니가 갑자기 생각난 듯 걱정스러운 표정을 지으며 내 눈치를 살핀다. 호주머니를 뒤지고 노란색의 지갑을 열고 동전 몇 개를 만지작거리며 나를 쳐다본다.

"내가 돈이 없다."

내가 지갑을 꺼내 돈을 보여주며 점심값도 있고 어머니가 준 돈도 아직 많이 남아 있다고 하자 한숨을 크게 쉰다. 일 없는 아들에게 점심도 사주지 못하는 것에 대해 자책하는 듯한 어머니의 힘 잃은 눈빛은 나를 더 깊은 자책과 당황의 어둠 속으로 빠뜨린다. 점심을 먹고 집으로 돌아온 지 얼마 되지 않아 어머니의 전화를 받는다. 어머니가 어떻게 그 복잡한 핸드폰으로 내 번호를 정확히 눌렀는지 알 수 없지만 그 너머로 들려오는 어머니의 목소리는 작고 힘이 없어도 또렷하고 분명하다.

"쌀은 떨어지지 않았냐."

다음 날 아침 6시가 되기 전에 다시 어머니는 나에게 전화를 한다.

"쌀 한 가마 받았냐."

어렴풋하게 상황을 짐작해 본 내가 잘 받았다고 말하자 어머니는 평소 어머니 같지 않게 비교적 긴 이야기를 하기 시작한다. 요즘처럼 더운 날은 쌀에 벌레가 생기기 쉬우니 간수를 잘 해야 하며 남 주지 말고 아침 거르지 말고 먹어야 하며 바나나와 양배추와 미역국을 자주 먹어 변비에 대비하여야 하며 어머니의 증손자(나의 아들의 아들)가 키가 작은 것은 잘 먹지 않아서 그런 것이니 잘 먹여야 한다고 말한다.

나는 동생에게 전화하여 어머니의 걱정과 지시를 확인하고 듣는다. 어제 어머니가 내 남동생에게 말했다고 한다. "니 형의 얼굴을 보니 그동안 어디서 구걸해 먹은 형색이며 반쪽으로 찌그러진 얼굴로 보아 쌀 떨어진 것이 분명하다. 없어도 없다고 하지 않는 니 형의 성격으로 보아 틀림없으니 니가 쌀을 한 푸대만 사다 가져다주어라. 어젯밤에 꿈을 꾸었는데 방 안에 혼자 굶고 앉아 있더라. 그냥 놔두면 굶어 죽을 위인이다."
실제 동생은 나에게 쌀을 보내지 않았고 나는 동생으로부터 쌀을 받지 않았지만 꿈에 본 어머니의 마음은 값을 알 수 없는 쌀 한 가마에 실려 그렇게 일 없는 나에게 왔다.

왜 정치를 하냐고 늘 걱정하던 어머니가 이제 나에게 정치를 한 수 가르치고 있다.

2018년 7월

모시떡 3개의
향기로운 모심母心

정치와 국회에 몸담은 지 어언 27년. 그리고 지금까지 이어지는 3여 년의 공백기, 거동이 불편해 일단 요양원에 들어가 있는 92세의 어머니가 내 눈에는 어김없는 수감자인 것 같아 내 마음은 불편하고, 어머니의 눈에는 내가 밥도 제대로 못 먹는 실업자로 보여 걱정이 태산인 것 같다. 내 동생에게 내가 쌀 떨어졌는지 보고 오라고 아주 자주 말한다니 말이다.

그런 어머니가 어제 색다른 전화를 나에게 했다. 매일 통화를 하지만 어제의 어머니 전화는 무언가 다른 느낌으로 내 귀에 들려 가슴이 철렁 내려앉고 두려운 생각마저 들었다.

"이리 좀 올래?"

두려움이 느껴지면 순간 회피하는 습관도 나에게 있나 보다. 오늘 중요한 약속이 있으니(중요한 일이 있었지만 어머니가 오라고 한 것만큼 중요한 일은 없다.) 내일 점심 때 가겠다고 말하고 이리저리 전화를 해서 어머니에 대한 간접 정보를 수집해 보려고 노력해 보았지만 어머니가 나에게 오라고 말한 이유에 대한 구체적인 성과는 전혀 없었다.

다음 날 아침 나는 요양원에 전화해서 어머니와 외출하여 점심을 먹고 오겠다고 통보하고 어머니를 찾았다. 어머니는 보행기의 도움을 받으며 머리에 검은색의 단정한 털모자를 쓰고 거의 감긴 눈으로 천천히 나를 보더니 이윽고 언제나처럼 소녀같이 활짝 웃었다.

"오늘은 어머니가 좋아하는 보리밥 먹으러 갈까요?"라는 나의 말에는 대답하지 않고 대뜸 "바쁜 일이 있었냐?"라고 묻는다. 나는 "38선을 걸어서 넘으려고 준비하고 있어요."(걸어서 평화 만들기 행사)라고 말하자 말이 끝나기가 무섭게 "너 총 맞아 죽는다."라고 단언한다. 처음 드리는 말인데도 너무나 잘 준비된 즉답 같아 그런 말을 한 나는 당황하고 후회했다.

나는 눈치를 보며 어머니를 조심스럽게 살펴보지만 어머니는 식당으로 가는 차 안에서도 하늘을 보더니 무심코 "이런 날은 꼭 비가 오지. 와도 많이 오지."라고 중얼거리고는 어제 왜 나를 불렀는지 말하지 않는다. 그렇다고 먼저 말하기도 좀 쑥스럽다.

　보리밥 간판을 보고 차를 세우고 식당에 들어가 보리밥을 시켜 나물을 비벼 드렸는데 식당 안에 손님이 없어 썰렁한 데다가 주인인 듯한 인상 험한 남자가 내 뒤에 앉아 내 맞은편에서 손이 떨려 밥알을 많이 흘리는 어머니를 노려보고 있다는 느낌이 들었다. 나는 얼른 이 식당을 나가고 싶다는 생각밖에 없었다. 어머니도 느낌이 좋지 않았는지 좋아하는 보리밥을 반도 못 먹고 숟가락을 놓아, 내가 얼른 일어나 어머니가 흘린 밥알을 휴지로 닦아 휴지통에 버리고 카드로 바쁘게 계산을 했다. 이 모습을 유심히 지켜봤는지 돌아오는 차 안에서 어머니가 말했다. "보리밥도 보리가 잘 삶아지지 않아 맛이 하나도 없는데, 돈은 3만 원이나 받았냐. 다음부터는 손님 많은 집으로 가자. 맛도 없는데 택도 없이 비싸게 받으니 손님이 없지 않냐."

　귀도 어두운 어머니가 어떻게 식당 주인이 3만 원이라고 하는 말을 들었는지 모르겠다. 보리가 잘 삶아져서 부드러워야 하는데 보리알이 깔깔한 돌멩이처럼 굴러다니는 것을 어머니는 보는 순간 이미 알고 있었던 것 같았다.

　그런 식당에 모시고 간 것을 후회하며 요양원에 거의 다 돌아왔는데도 어머니는 어제 나를 부른 이유를 아직도 말하지 않고 있었다. 거의 요양원에 도착할 무렵 내가 참지 못하고 "어머니 어제 무슨 일 있었어요?"라고 물었다.

"모시떡 3개를 주려고 불렀다."
"예?"
"어제 니 동생이 모시떡을 좀 가져다 놓았다. 니가 어려서부터 모시떡과 쑥떡을 잘 먹지 않았냐. 그래서 너 주려고 모시떡 3개를 남겨두고 너를 오라고 했다."

가슴이 무너지고 운전대를 잡은 손에 힘이 빠졌다. 일그러졌을 얼굴을 어머니가 볼까 봐 얼굴을 조수석 반대로 돌리며 차를 길가에 천천히 세우는데 다시 들려오는 어머니의 말은 또 나를 강타한다.

"니가 오늘 온다고 아침에 들고 침대 곁에 놓아둔 모시떡 3개를 찾아 보았지만 모시떡이 안 보여서 일하는 아주머니한테 물었더니 쉬어서 버렸다고 하더라. 모시떡을 어디서 사는지도 모르겠고."

요양원에 도착해서 어머니가 보행기를 잡고 문으로 들어서는 것을 내가 보고 있는데 근무자가 어머니에게 "할머니 점심

맛있게 드셨어요?"라고 묻는 소리가 들리고, 뒤도 안 돌아보고 우렁찬 소리로 일부러 힘주어 대답하는 어머니의 대답도 내 귀에 총알처럼 들어박힌다.

"아들이 3만 원이나 주고 사준 보리밥인디 다디달데."

'맛도 맛이겠지만 실업자 아들이 3만 원이나 쓴 것이 너무 화가 난 것일까?' 하는 생각을 하며 사무실로 돌아오는 길에 이런 날은 꼭 비가 온다고 말한 어머니의 말처럼, 언제부터인가 차창을 가볍게 때렸을 빗방울의 소리가 문득 들렸다. 어머니의 사랑의 매는 언제나 지나고 나서 듣게 되는 천둥의 소리와 같다는 깨달음이 온다. 이 나이에 끝없는 불운과 사나운 역경 속에서도 살아 있는 어머니의 가슴 설레는 봄바람 같은 마음을 느낄 수 있고, 메말라 가는 내 마음속에 사랑의 원천을 다시 촉촉이 적실 수 있었으니 그래도 나는 얼마나 행복한 사람인가.

2019년 3월

코로나와 요양원 봉쇄, 또 다른 고독과 죽음

 코로나로 가족 면회도 금지된, 사실상 봉쇄된 요양원에서 어머니를 겨우 만난다. 요양원의 양해를 얻어, 새 마스크를 꺼내 쓰고 소독약을 손에 바르고 온몸에 뿌리고 2m 거리를 두고 휠체어에 앉아 있는 어머니를 오랜만에 만난다.
 이상하다.
 어머니의 얼굴에 표정이 없다. 나를 보자마자 언제나 보이던 소녀 같은 웃음도 없고 아무런 말도 없다. 가슴이 철렁 내려앉는다. 엊그제가 아버지 기일이며 전라도 함평의 산소에 다녀왔다고 해도, 어머니가 사랑하는 가족들의 이런저런 이야기를 해도, 심지어 마스크를 벗고 큰아들이라고 해도, 같이 있던 선생님이 어머니의 감긴 눈꺼풀을 손으로 살짝 올려 보아도 반응이 없다. 당황하는 내 모습을 선생님들이 보고 어머니 귀에 대고 뭐라고 설명해도 기색조차 없다.

난생처음 그런 광경을 본 나는 어머니가 앉아 있는 휠체어 앞에 다가가 쪼그리고 앉아 어머니 손을 덥석 잡는다.

"어머니, 저예요! 우리 어머니 손은 언제나 따뜻하네요."

내 손의 차가운 온도로 아들을 알아봤을까. 감긴 눈을 조금 뜨더니 내 손을 잡은 어머니의 왼손에 갑자기 힘이 들어가는 것을 느끼는 순간 어머니의 오른손이 내 손 위에 포개어진다. 그리고 뭐라고 알아들을 수 없는 말을 웅얼거리기 시작한다. 그 웅얼거림은 상당한 시간 동안 지속된다. 나의 평정심은 사라지고 온몸에 전율이 느껴지며 이번에는 어머니 손의 가느다란 떨림의 느낌이 나에게 전해져 온다.

난생처음으로 잠깐 나를 기억하지 못한 어머니를 본 것이다.

그곳 선생님 한 분이 코로나 이후 당국의 지시로 장기간 가족을 만나지 못한 것에서 연유한 우울증 때문인지, 올해 들어 이곳에서만 서너 분의 어르신이 돌아가셨다고 말한다. 아무리 위험한 코로나라도 노인들의 유일한 위안인 가족을 떼어놓는 양로원 봉쇄가 대안은 아니다. 죽음보다 무서운, 그리고 실제로 또 다른 죽음에 이르는 요양원 봉쇄가 코로나보다 무섭지 않은가.

2020년

정지되고 적막한 어머니들의 나라

얼마 전 코로나로 봉쇄된 요양원에 있는 어머니를 시설의 대문에 난 작은 유리창을 통해 뵈었다. 2021년 현재 94세 된 어머니는 휠체어에 앉아 유리창에 보이는 아들의 얼굴을 보고도 표정이 없다. 어머니의 눈이 침침해져서일지 창문이 작아서일지 모른다고 생각한다. 아들의 얼굴을 잊어버렸을지 모른다는 생각은 애써 하지 않는다. 내가 손뼉을 치고, 어머니 쪽의 핸드폰 스피커를 크게 하고, 손발을 섞어 가며 온갖 묘기를 부려 보아도 어머니의 표정이 없기는 마찬가지다.

대문을 열고 문밖에 서서 큰 소리로 어머니라고 부르며 인사를 하자 어머니는 비로소 소녀처럼 웃으며 손뼉을 친다. 간호사가 나에게 할머니가 백신을 맞을 것인지 물어서 반대로 내가 간호사에게 조언을 구하지만 조언해 주지 않는다. 나는 단호하게 백신을 맞아야 한다고 말한다. 그래서 항체가 생긴다면 나들이도 하고 봄바람도 맞으며 같이 식사도 하고 항상 내 손보다 따뜻한 어머니 손도 잡아 보아야 하기 때문이다.

   코로나로 세상이 시끄럽고 이로 인해 어머니의 세계는 정지되었고 적막하다. 폐쇄된 시설에 격리되어 있는 어머니를 대변할 수 있는 사람은 없다. 나라에서 하는 일에 반대하는 어머니도 없다. 아들딸이 만나기를 원하지만 시설에 있는 어머니들만큼 간절하지는 않다. 그래도 어머니는 참고 또 참는다. 평생을 그래 왔듯이. 그러나 어머니들에게는 시간이 별로 없다. 시설에 있는 어머니들과 그 가족들이 서둘러 백신을 맞게 하고, 자유로이 면회하고 가족과 함께 외출하며 식사하고 이야기하며 손을 잡아 보게 해야 한다. 이제 당국은 코로나로 사망에 이르는 어머니들보다 코로나 방역이 가져온 극심한 고독과 우울증으로 사망에 이르고 있는 어머니들을 주목해야 한다.

2021년 3월

어머니를 추모하며

1927년생인 어머니가 2022년 8월 29일 새벽 4시경 퇴계원 소재의 요양원에서 돌아가셨다. 어떤 분들은 빈소에 이름을 적었고, 또 어떤 분들은 이름도 남기지 않고 그냥 왔다 갔으며, 코로나 때문에 다른 방식으로 추모하기도 하고, 꽃과 조기를 보내왔으며, 추모의 글을 남기기도 했다.

많은 조화와 조기가 놓여 있는 장례식장의 좁은 통로를 따라 키가 크고 단정한 한 장년의 남성이 들어왔다. 그는 이름도 적지 않은 조의금 봉투를 함에 넣더니, 어머니 영정 앞에서 간단히 눈인사만 하고 한참을 앉아 있다가 조용히 일어서서 나간다. 식당 안에서도 그는 아무에게도 눈길도 주지 않은 채 그냥 혼자 앉아 사색하듯 식사를 한다. 내가 다가가 다시 인사를 하자 그는 단지 "어머니를 잘 아는 사람입니다."라고 말하고 일어서서 장례식장을 나갔다. 따라 나간 내가 장례식장 바깥 한쪽 구석에서 비가 오는 바닥에 쭈그리고 앉아 담배를 연거푸 피우고 있는 그를 보았다. 성함이라도 알고 싶은 마음에 다가갔지만, 나보다 먼저 조용히 비 내리는 어둠 속으로 사라진다.

아마도 평생 교사로 아이들을 가르치며 살다가 정년 퇴임하여 고향에 살던 아버지가 2000년에 운전 미숙으로 인도에 뛰어든 승용차에 치여 돌아가셨는데 그때 운전하던 여성의 남편이 아닌가 생각된다. 어머니는 아무런 보상이나 합의도 요구하지 않고 그녀를 용서했을 뿐만 아니라 처벌하지 말아 달라고 경찰에 요청하기까지 했었다.

고향인 함평 월야의 아버지 묘소에 어머니를 합장하여 장례식을 마무리하고 서울로 올라온 다음 날 아침 5시에 나는 정릉천을 걸었다. 오래전 어머니와 함께 걷던 길을 따라 천천히 청계천까지 갔다가 돌아오는 길에 어머니와 함께 성북노인종합복지관에 다니던 할머니 몇 분을 만나자, 나는 갑자기 솟아나는 눈물을 감출 길이 없어졌다. 나의 표정을 살피던 할머니들이 무슨 일이 있냐고 물어 어머니가 돌아가셨다고 말하자, 왜 연락을 하지 않았느냐고 야단이다. 그제야 나는 내 어머니의 장례식을 치렀지만 정작 어머니 장정림 여사의 장례식을 치르지 못했다는 사실을 새삼 깨닫게 된다.

  80년 5월 어머니는 죽었을지도 모르는 아들을 찾아 월야에서 광주까지 걸어서 한나절을 갔다가, 온 광주를 헤매고 다니다가 시체를 찾지도, 소식을 듣지도 못하고 다시 걸어서 한나절을 터덜터덜 돌아왔다고 한다. 나를 찾는 형사들이 잠복에 방해된다고 잡아먹어, 우리 집 누렁이 두 마리마저 사라진 빈집에서 어머니는 그렇게 소식 없는 아들을 그리워했을 것이다.

  어머니가 몹시도 보고 싶은 날이다.

2022년 8월

3부

걸어서
평화 만들기

아름다운 동행,
신계륜과 함께하는 사람들

1998년 11월부터 금강산 관광이 시작되자, 처음에는 두려움 때문에 주저하던 사람들이 점차 관광에 나서기 시작했다. 호기심이 두려움을 앞서고 금강산에 대한 오랜 향수가 결합되면서 사람들은 사상과 이념을 뒤로하고 금강산 관광에 나서게 된 것이다. 처음에는 동해에서 배를 타고 가다가 나중에는 육로

▼ 신계륜과 함께하는 사람들, 금강산 방문

가 개척되면서 우리는 2006년 9월에 '아름다운 동행, 신계륜과 함께하는 사람들(이하 신사)'이라는 단체를 결성하고 본격적인 금강산 관광에 나서게 되었다.

  2006년 신사 결성 이전에도, 나는 여러 경로를 통해 자주 금강산 관광에 참여했다. 2003년 노무현 대통령 당선인 비서실장을 그만두고 난 후부터는 새로 개척된 육로를 통해 더 자주 금강산 관광에 참여했다.

  2006년 9월 신사가 결성되고 2008년 7월 13일 금강산 관광이 중단되기까지 일고여덟 차례 신사의 이름으로 신사 회원들의 금강산 관광이 이루어졌다. 이 경험은 금강산을 다녀온 모든 회원들에게 지금도 아름답고 또 가고 싶은 금강산으로 기억되고 있다. 나는 2023년 6, 7, 8월경 성북구의 석관 산악회, 목우 산악회 그리고 성북 산악회 등에 자주 참여하여 함께 산행을 간 적이 있었다. 놀랍게도 산악회의 회원 상당수가 신사와 함께 금강산 관광을 다녀왔으며 그 추억을 매우 아름답게 간직하고 있다는 사실을 알게 되었다. 이것은 정파적, 정당적 이해를 떠나 공통의 관심이었고 경험이었다. 한 회원은 그때 신사가 나누어 준 신사의 상징, 노란 손수건을 장롱 속에 잘 간직하고 있다가 그날 나에게 다시 전달해 주는 감동을 선사했다. 그리고 언젠가 다시 금강산 관광에 갈 수 있기를 진심으로 희망했다.

▲ 금강산에서 신계륜과 함께하는 사람들
깃발을 든 신계륜

2007년 6월 관광로가 북한 주민들의 마을과 가까워서 미루어졌던 금강산 내금강이 개방되며 그해 가을 이루어진 신사의 내금강 관광은 특히 많은 추억을 남겼다. 육로로 장전항에 도착한 우리는 하룻밤을 장전항 숙소에서 자고 다음 날 내금강으로 가는 버스에 분승했다.

그런데 내금강 코스를 걷기 위해 장전항을 출발한 관광버스 안에서 나는 배탈이 나서 점점 참을 수 없게 되었다. 북한 안내원은 장전항을 출발하여 내금강 입구까지 버스로 이동하는 사이에는 절대로 버스를 멈출 수 없다고 하며 참으라고 했다. 그러나 참을 수 없게 된 나는 거듭 북한 안내원에게 호소했다. 결국 내금강으로 가던 버스 전체가 도로에 일렬로 서게 되고 나는 황급히 버스에서 내려 감시원이 보는 가운데 그리고 일고여덟 대의 버스 안의 회원들이 차창을 통해 보는 가운데 체면을 접고 볼일을 본 적이 있었다. 이후 내금강 관광에 나선 사람들에게 장전항에서 반드시 볼일을 마치고 승차하도록 교육하면서 모 국회의원의 사례가 거론되었다고 한다.

신사를 통한 금강산 관광 이외에 나는 당내 젊은 의원들과 함께 금강산을 자주 갔으며 남북경협을 위한 토론회 등을 현대아산 측과 같이 주최하기도 했다.

삼천리금수강산 중의 제1의 명산 금강산이 그렇게 우리를 부르고 우리가 그 부름에 더 진심으로 응해 가던 시기에, 체제를 떠나 민족의 동질성이 조금씩 확인되어 가던 시기에, 총격에 의한 한 관광객의 사망 사고가 일어났고 2008년 7월 13일 금강산 관광은 중단된 채 오늘에 이르고 있다.

2008년 7월에 금강산 관광이 중단되자, 그해 11월 11일 신사 회원들은 신사를 해산하고 새로운 사단법인 신정치문화원을 창립했다. 그리고 그 산하에 '한라에서 백두까지, 걸어서 평화 만들기(이하 걸평)'를 두기로 결정했다. 2008년 결정에 따라 대부분의 신사 회원들은 걸평 회원이 되었으며, 그다음 해인 2009년 4월 8일 걸평 회원들은 제주도 한라산에서 전야제를 갖고 북녘땅 백두산을 향한 걷기를 시작했다. 이날 시작된 걸평은 2023년 9월까지 총 231일 동안 2546.76km의 남녘땅을 걸은 것으로 기록되어 있다. 금강산 관광의 신사는 해산되었지만 지금 백두산을 향해 걷는 걸평의 모체로서 남아 있다.

하의도 해안,
바람 속의 맹세

    2012년, 4년의 공백 후 19대 국회 임기가 시작되는 첫날 아침을 나는 내가 좋아하는 곳에서 걸으면서 맞고 싶었다. 내 나름의 뜻깊은 새로운 출발을 다짐하고 싶었다. 공지하자 머나먼 천사1004의 섬 신안군 하의도까지 천사angel호를 타고 모여든 28명의 걸어서 평화 만들기 회원 모두가 출발 지점인 하의도 큰 바위 얼굴이 보이는 서부해안일주도로에 섰다. 선선한 바람 너머 탁 트인 바다로 가는 길에 소년 김대중이 꿈을 키웠을 큰 바위 얼굴이 보였다. 죽도로 불리는 이 섬의 한쪽 모습이 김대중 대통령을 닮았다는 이야기는 언제부터 시작되었을까.

    오래된 이야기지만 대선을 앞둔 어느 날 나는 김대중 총재와 함께 편안하게 앉아 있었다.

"총재님 별명이 있나요?"

"……."

"저는 김대중 총재님의 시련과 도전을 보면서 큰 바위 얼굴을 연상하게 됩니다."

"큰 바위 얼굴이라……."

나는 일상에 포위되어 자리에 연연하지 않겠다고, 내가 고난의 시기에 본 구태의연한 국회의원이 절대 되지 않겠다고 다짐하며 길가에 핀 인동초, 찔레꽃, 고사리, 쑥대 등을 바라보았다. 그러면서 내가 처음 국회에 출마를 준비하던 때, 당시에는 총재이던 김대중 대통령과 나누던 대화를 떠올려 보았다.

"고향이 함평이니 전라도 함평 영광에서 출마하면 어떻습니까."

"총재님, 젊은 놈이 할 일이 없어 노란 깃발만 꽂으면 당선되는 고향으로 갑니까. 서울서 출마하겠습니다."

2012년 호남은 좌절 중에 있었다. 얼마간 돌아본 호남은 좌표를 잃고 있었다. 호남의 민주당 리더들도 호남에서조차 살아있지 못하고 어떤 관성에 의해 순한 양처럼 길들여져 가는 것만

같았다. 김대중 대통령이 이 세상을 떠날 때까지 분개하며 젊은이들의 분발을 촉구했던 남북관계는 더욱 꽁꽁 얼어붙었다. 북은 핵보유국을 기정사실화하고 미국은 전술핵 재배치를 추진하고 있었다. 결국 김대중 대통령이 그 모진 상황에서 물꼬를 튼 남북의 화해와 협력의 길은 어제의 일이 되었으며 이제 없는 일이 되어버릴지도 모른다는 생각마저 들었다. 평화가 깨지며 핵전쟁의 전 단계로 갈 수도 있었지만 모두가 침묵하며 바라만 보고 있었다.

▲ 걸어서 평화 만들기

큰 바위 얼굴이 보이는 언덕에서 하의도 서부해안일주도로를 따라 걸어가는 길은 전라도 말로 '환장하게' 좋았다. 그리고 내 머릿속은 반대로 환장하게 답답했다. 이 상황을 어떻게 국민에게 알리고 해결해 나갈 것인가 고민했다. 19대 국회 임기가 시작되는 날, 나는 여의도에서 최대한 멀리 떠나, 땅끝 김대중 대통령의 고향 하의도에 있었다. 큰 바위 얼굴과 너무 아름다운 이 나라 그리고 너무 아름다운 사람들을 부드러운 바람결 속에 마음껏 느껴보면서, 내가 사랑하는 사람들과 함께 걸으며, 스스로에게 한반도 평화를 위한 헌신을 맹세했다. 그리고 한반도의 평화와 통일 그리고 공동 번영을 위한 길을 걷고자 하는 사람들이 더 많이 참여하는 '걸어서 평화 만들기'가 되고, 한 번 걸을 때마다 언제나 새로운 성취가 오며, 아름다운 금수강산의 북쪽 끝 백두산 천지에 오를 날이 빨리 오기를 진실로 소망했다.

조금씩
잊혀져 간다

　1998년부터 내가 살고 있는 종암동 아파트 앞에는 정릉천이 있다. 정릉천은 3km 정도 흘러 청계천과 합류하고 청계천은 2km 정도를 흘러 중랑천에 합류하며 중랑천은 다시 한강에 합류한다. 성북구, 동대문구, 성동구를 지나는 천들의 양옆으로는 자전거 길과 걷는 길이 비교적 잘 정돈되어 있어 코로나가 창궐하기 전에는 시민들의 휴식처였다.

　코로나 시기 동안 성북 배드민턴 체육관이 문을 닫아 나갈 수 없어 고민했던 나는 그 길을 새벽에 걷는 것으로 일과를 시작했다. 컨디션에 따라 종암동 집에서 한강 변 서울숲까지 왕복 15km 정도를 걷거나 뛰면서, 또는 종암동 집에서 서울시청 근처까지 걷거나 뛰면서 나 홀로 '걸어서 평화 만들기'라고 스스로 선포했다. 이렇게 하다 보니 혼자 걷는 게 편하다는 생각에 이르렀고, 대열을 지어 걷던 시절에 내가 어떻게 그 먼 길을 많은 사람들과 같이 호흡하며 걸었을까 하는 생각까지 들게 되었다. 코로나가 여러 가지를 생각하게 해주었다.

 코로나가 만든 한적함 속에 동대문 근처를 걸어가다 앞에서 걸어가는 더불어민주당 선거 유니폼을 입은 일단의 무리를 보았다. 자세히 보니 내가 속한 당이며 내가 잘 아는 안규백 후보 일행이었는데, 나는 걷는 속도를 높이며 안규백 후보 일행과 마주쳐 인사하고 싶은 마음과 그렇게 하고 싶지 않은 마음이 충돌하는 것을 느꼈다. 마침내 걷는 속도를 줄이고 있는 자신을 보면서 스스로에게 낮게 "낯설어."라고 속삭였다. 내가 30여 년간 반복해 온 일이 낯설다고 느껴졌던 것일까 아니면 안규백 의원이 낯설었던 것일까.

 코로나 때문에 많이 줄었지만 성북구 구간에서는 마주치는 사람마다 대부분 나에게 인사를 했다. 성북구 구간을 벗어나면 나에게 인사하는 사람은 훨씬 줄어들고 덕분에 나는 조금 속도를 내서 빠른 걸음으로 걷기에 열중할 수 있다. 성북구 구간에서는 더러 왜 출마 안 하느냐고 묻는 사람도 있고, 심지어 내가 현재 국회의원인 줄 알고 다음에도 꼭 찍어 주겠다는 사람도 있어서 걸으면서 얻으려는 내 마음의 평화가 다소 흔들리기도 했다.

"조금씩 잊혀져 간다……. 매일 이별하며 살고 있구나."라는 가사가 담긴 '서른 즈음에'라는 노래가 있다. 내가 좋아하는 김광석 가수의 노래다. 이렇게 무서운 말이 있을까. 희미해지는 기억 속에서도 가장 사랑하는 아들과 딸의 얼굴만은 잊지 않으려고 결사적으로 애쓰는 어머니처럼, 나도 살아 있는 한 내가 결코 잊지 말아야 할 것을 결사적으로 지켜 내야 한다.

처연한 달빛 따라 금강산까지

2020년, 21대 총선과 코로나19 때문에 생각이 많던 나는 태백산맥과 동해를 좌우로 거닐며 7번 국도를 따라 북으로 걸어서 금강산에 이르고 싶다는 상상을 했다. 참을 수 없었던 나는 결국 혼자 걸으며 170, 171, 172, 173일 차 '걸어서 평화 만들기'라고 선언했다.

자주 가던 강원도 대포항 주차장에 차를 대고 바로 7번 국도 해안 도로를 따라 걷기 시작했다. 과거 금강산 관광로가 열려 있을 때 자주 묵었던 금강산 콘도까지 대략 46km의 구불구불한 해변 길을 따라 밤이나 낮이나 쉬엄쉬엄 생각하며 걸어갔다. 코로나의 영향으로 인적이 드물었기 때문에 만감이 교차하는 나로서는 지극히 편안했다.

　7번 국도는 부산에서 강원도 고성의 민통선에 이르는 길이다. 당시 걸었던 46km의 길은 7번 국도의 북쪽 맨 끝 구간이어서 그런지 햇볕이 쬐는 낮에는 덥고, 바람이 불거나 밤이 되면 추웠다. 그래서 걸어서 평화 만들기 셔츠 위에 두꺼운 점퍼를 벗었다 입었다를 반복했고, 쉼 없이 걸려 오는 선거 관련 전화에 생각이 방해를 받아 불편했다.

　그때는 군수 보궐 선거와 21대 총선을 앞두고 있어서, 여기저기에 선거 벽보가 붙어 있었다. 그중에는 더불어민주당 이동기 후보와 미래통합당 이양수 후보도 있었다. 영동 지역 특성상 야당 후보가 유리하다고도 했고 전국적인 지지율로 보아 여당이 이길지도 모른다는 기대도 있었다. 한반도 평화의 길이 열리면 이곳의 활기가 되살아나지 않을까 하는 마음으로 선거 벽보를 유심히 살펴보았다. 그러나 어느 하나도 나의 마음에 대답하지 않았다.

　이번 걷기의 마지막 날이 어두워졌다. 나는 드디어 고성의 7번 국도 남방 한계선에 다다랐다. 핸드폰으로 7번 국도 종점이라는 표지 팻말을 찍고 있는데, 어디선가 "사진 못 찍게 해."라는 말이 들리더니, 군인들이 나를 둘러싸고 섰다. 민간인 통제

▲ 강원도 고성 해파랑길에서

구역이 아니라 팻말을 찍었다는 것을 보여주고 나서야 오해가 풀렸다. 해명을 마친 나는 어둠에 잠기는 초소를 뒤로하고 돌아서 나왔다. 단순히 팻말을 찍으려고 다가갔던 것이지만, 군인들은 경계할 수밖에 없었을 것이다. 대한민국이 분단국가라는 사실을 잘 보여주는 사건인 것처럼 느껴져 씁쓸했다.

얼마쯤 어둠 속을 걸어갔을까. 갑자기 피로가 엄습하며 몸이 무거워졌는데, 하필 그때 한 회원이 나에게 급하게 전화해서 코로나 때문에 나의 숙소로 점찍어 두었던 금강산 콘도가 폐쇄된 것 같다고 했다. 나의 건강에 대한 그 회원의 마음이 고맙기도 했지만, 나는 때마침 찾아온 바다 너머 슈퍼문의 교교한 달빛 아래 조용히 앉아 있는 금강산 콘도를 보고 싶었다. 폐쇄되었다는 소식이 진짜인지 확인하기 전에는 다른 숙소를 찾아갈 생각이 없었다. 나는 주저 없이 숙소 금강산 콘도의 문을 두드렸다.

3부 걸어서 평화 만들기

금강산 가는 육로가 개통되기 이전에 배를 타고 금강산에 가기 위해 신사 회원들과 자주 머물며 추억과 우정을 쌓았던 금강산 콘도는 여전히 나를 위해 존재하는 것처럼, 소문과는 달리, 주저 없이 문을 열어 파도 소리가 반복해서 들리는 넓은 방으로 나를 인도해 주었다.

비 오는 날
설악산 길 걷기

언제부턴가 나는 비 오는 날 산길을 걷거나, 한밤중에 혼자 걷는 것이 참 좋다는 생각을 하게 되었다. 그렇게 하면 움직이는 생명체의 느낌과 소리를 좀 더 가까이 할 수 있다고 믿게 되었기 때문이었을까. 특히 식물 같은 것이 그랬다.

비가 주룩주룩 내리는 2021년 5월 17일 아침 나는 설악동 계곡 중간쯤에서 설악산을 향해 걸어 나갔다. 설악산 국립공원 입구까지 평지로 2.8km, 국립공원에서 비룡폭포까지 산길로 2.2km의 길을 걸을 생각이었다.

처음에는 우산을 썼다. 나중에는 우산을 접었다. 접고 나서 얼마 되지 않았을 때는 주변의 눈치를 살폈다. 나중에는 사람이 있거나 말거나 그냥 산속에 나를 놓아 버렸다.

 어릴 때 추억이 깃든 설악 파크 호텔은 철거 중에 있고, 한국 콘도는 간판만 남았으며, 언제나 이름이 예쁘다고 생각했던 '설악의 아침'은 유령처럼 황폐해졌다. 계곡과 걷는 길 사이에는 철조망이 놓여 있었으며 공원 입구에서 돈을 받는 사람은 불친절하게 느껴졌다. 불필요한 곳에 쳐져 있는 철조망을 보아서인지 그날이 5월 17일이라 그런지 몰라도 착검한 공수 부대가 생각나기도 했다.

 나중에는 내 머릿속에 나를 중심으로 들어오던 여러 생각들이 반대로 사라져 갔다. 그리고 그 자리에 나의 육감이 열리며 진정으로 나를 이 산속에 내려놓았다. 그러자 나무와 온갖 식물들의 숨 쉬는 소리가 들렸다. 빗소리였는지도 모르겠다.
 국립공원을 나오자 배가 고팠다. 된장국에 배추를 넣어 끓여 먹으면 좋을 것 같았다. 그러다 문득 생각했다. 숨 쉬는 배추를 먹으면 배추한테 미안한가?

늙은 광부의 눈물

　유신 독재가 끝나 갈 무렵인 1979년, 나는 세상을 향한 사북 광부들의 항거를 보았다. 당시 신문 표현대로 이른바 '사북사태'였다. 그로부터 다시 많은 세월이 흐른 2012년경, 나는 사북에서 진폐라는 재해를 목격했다. 열심히 일하며 가족을 부양하는 가장으로서 자부심을 느끼며 지난 세월을 살아온 광부들은 갱도에서의 노동과 땀의 의미, 그리고 가족에 대해 자랑스럽게 생각했을 것이다.

　광부들의 머리에는 하얀 서리가 내려앉았다. 얼굴에는 주름이 가득했다. 그리고 말을 할 때마다 가슴과 목을 파고드는 가느다란 걸림 소리는 듣는 사람의 마음을 조이게 했다. 그래도 그들은 끊임없이 나에게 말을 했다. 억울했으니까.

상당히 오래전에 나는 어떤 슬픈 죽음의 이야기를 들었다. 딸을 대학까지 졸업시키려고 열심히 일하며 살아가던 한 광부에게 진폐가 찾아왔다. 그 광부는 산재 병원에 입원하게 되었지만 시간이 흘러도 호전되지 않았다. 재해의 고통이 가중되던 어느 날, 그 광부는 자신의 딸이 결혼하게 되어 결혼 날짜를 잡아 놓았다는 사실을 동료 광부로부터 들었다. 그러나 결혼식이 다가와도 그는 사위 될 사람은 물론 딸의 얼굴조차 볼 수 없었다. 광부의 아내는 결혼을 앞둔 딸에게 산재 병원으로 찾아가 아버지에게 인사하라고 사정했다. 마지못해 딸은 산재 병원으로 아버지를 찾아가 결혼하게 되었음을 알리고 인사를 드렸다. 그러나 딸의 마음을 읽은 그 광부는 딸의 결혼식에 참석하지 않았다. 그리고 그다음 날 그는 병실에서 뛰어내려 스스로 목숨을 끊고 말았다. 가장 사랑하며 자신이 살아가는 단 하나의 이유인 딸에게로부터 부끄러운 아버지가 되어 있다는 사실을 안 그는 더 이상 살아야 할 이유를 찾지 못했기 때문이었다. 내가 그 사정을 안 것은 그 광부가 스스로 뛰어내려 사망했기 때문에 사망 산재 보상금을 받을 수 없다는 당국의 판정 때문이었다.

산업의 용감한 전사였던 광부들의 슬픈 자화상이 여전히 우리 주변에 유령처럼 서 있다. 내가 만난 600여 명의 진폐 재해자들의 굵은 눈물을 잊을 수 없다. 늙은 아내와 가끔은 고등어

자반을 먹을 만큼의 연금만 나왔으면 좋겠다는 한 진폐 재해자의 말도 가슴을 때렸다. 우리 산업을 일으켜 세운 자랑과 긍지의 세대가 아니라 사회적으로 버려진 세대가 되었다니. 그들은 몸이 아파서가 아니라 사람들로부터 버림받았기 때문에 슬픈 것이다.

진폐 환자들이 외면받는 문제는 여전히 남아 있다. 무엇보다 그들이 이 나라 산업화의 역군이었음을, 그들이 우리가 가난했던 시절 추운 겨울을 따뜻하게 데워 준 연탄의 생산자였음을 기억해야 한다. 광산에서 하루 일과를 마치고 나왔을 때 검은 먼지 속에 눈만 남은 가족의 얼굴을 알아보는 일은 쉽지 않았다. 그래서 광부들끼리 정하여, 아이가 아버지의 얼굴을 알아보는 가정에 쌀을 한 포대씩 주었다고 한다. 가족을 위한 헌신을 일깨워 주려던 광부들의 피나는 노력을 우리 모두는 알아야 한다. 국가가 그 노동의 위대함에 대해 낱낱이 구체적으로 기록하고 그것을 자랑스럽게 기억하는 사회가 되어야 한다.

가족도 없이 외롭게 산재 병원에 누워 있는 중중 재해자들이 있다. 그들은 적은 연금을 받으며 죽음을 기다린다. 그 마른 얼굴과 목소리 위에는 초라한 민주주의라는 옷이 걸쳐져 있었다. 진정한 민주주의를 이루기 위해서는 정치 민주주의의 심화가 각계각층으로 내려가야 한다. 그러나 하부 단위에 이르기도 전에, 정권 교체를 이루었다며 민주주의의 달성이 모두 끝난 것처럼 이야기하던 사람들이 있었다. 우리 민주주의는 갈 길이 너무 멀다.

이 나이에
무엇이 두려운가

　기차를 타고 전라북도 익산에 가 귀한 어른 한 분을 뵈었다. 지금의 남북관계를 타개하고 평화 통일로 갈 수 있는 길에 대해 조용한 설명을 들었다. 아주 큰 수술을 두 번이나 하신 93세의 어른 같지 않게 분명한 걸음걸이와 발음 그리고 논리의 전개는 총명한 정신에서 나오는 것이 분명했다.

　"기록을 보니까 젊은 시절에는 겁 없이 살았던 것 같은데, 지금 남북관계를 열어 가려면 겁 없는 사람이 필요해요. 관직을 갖고 있으면 조심하게 되고 다른 일로 바빠 이 일에 전념할 수 없으니 이 일을 하기에는 바로 지금의 신 의원이 적격"이라고 말했다. 이순신 장군이 지혜롭게 울돌목이라는 길목을 찾았듯이 평화 통일의 길을 찾아야 하고, 그 길을 걸어가는 데는 용기가 필요하며, 걸어가는 도중에는 아량도 필요하다고도 말했다.

 북한은 과거 전략 노선을 결코 바꾸지 않는다고 하지만 지금 상황을 두려워하고 있는 곳은 북한이 아닌지 묻고, 인도적 지원이 북한의 군량미로 간다고 걱정하지만 설사 남한의 쌀이 북한 군인들에게 간다고 해서 그것이 우리가 두려워할 일인가 다시 묻고 싶다.

 2009년부터 시작된 '한라에서 백두까지, 걸어서 평화 만들기'는 평화 통일로 가는 길을 찾고자 했던 것이다. 그러나 그 길은 반도 서부의 파주에서 그리고 반도 동부의 고성에 이르는 휴전선은커녕, 남한의 민통선에서부터 막혀 여지없이 끊기곤 했다. 이 문제를 협의하기 위해 북한의 당국자와 실무 회담을 제안했고 북한에서 실무 회담 장소와 시간을 알려 왔지만, 우리 정부의 불허로 불발된 적도 있다. 걸어서 휴전선을 넘어 백두산에 이르는 길은 북이 허락한다고 되는 문제가 아니고, 남이 허락한다고 되는 문제도 아니며, 남과 북이 함께 허락해야 하는 문제이고, 더 나아가서는 그것을 요구하고 실천해야 할 문제인 것이다.

 파주의 임진강을 넘어 휴전선으로 들어가는 입구인 통일대교 남쪽 길목은 사전 허가된 차량 이외에는 민간인의 출입이 통제된다. 길은 저토록 잘 닦여 있는데 왜 걸어갈 수 없나. 갈 수 있는 길을 50년 넘게 방치하고도 그대로 있을 것인가. 이제는 갈 데까지 가보자. 이 나이에 무엇이 두려운가.

원불교 좌산상사 어르신의 법문에 이런 문구가 있다.

"주인은
스스로 나서야 하며
스스로 찾아야 하며
모두와 함께하며
계교 없이 일을 이루어 갈 뿐이다."

월곡산
팔각정

  성북구의 월곡산은 비록 동산 같은 작은 산이지만, 한쪽으로 월곡동 일대를, 다른 한쪽으로 장위동 일대를 산자락으로 깔며 오래전부터 주민들의 휴식처가 되어 왔다. 월곡동 일대에 아파트가 들어서면서 공익 시설과 주민 편의 시설도 늘어 더욱 소중한 산이 되었다. 내가 자주 가는 배드민턴 전용 체육관을 비롯해 야외 배드민턴 구장, 인조 잔디가 깔린 구장, 테니스장, 청소년 도서관과 산책로 등 주민 편의 시설이 많이 있다.

  구립월곡배드민턴전용체육관, 월곡 배수지, 제1월곡인조잔디구장, 제2월곡인조잔디구장, 월곡테니스장, 스마일, 월암, 정상, 상곡, 상우, 행복, 장월 등 배드민턴 야외 구장, 청소년 도서관 등의 시설들과 다양한 걷는 길을 월곡산은 품어 안고 있다.

지난 92년 내가 국회의원으로 처음 당선되고 당선 축하대회를 지금의 월곡산의 배드민턴 전용 체육관 자리에서 진행한 적이 있었는데 그때는 그 근처가 돌멩이투성이의 빈터였다.

내가 좋아하는 배드민턴을 마음껏 할 수 있는 체육관이 생긴 때부터 나는 월곡산을 나의 뒷마당처럼 생각하고 자주 올랐다. 지금은 눈을 감고도 걸을 수 있을 정도로 편안한 장소가 되었다. 집을 나와 배드민턴 전용 체육관으로 가는 월곡산 입구를 오를 때면, 월곡 배수지를 건설할 때 올라가는 관과 내려가는 관 등 큰 관을 두 개 묻어야 했는데, 그 길목이 좁아 공사할 때 애를 먹었던 기억이 새삼 떠올랐다.

큰아들이 졸업한 장위중학교와 상곡 배드민턴장을 지나서 월곡산 정상에 자리 잡은 팔각정에 이르면 서울 북부 지역이 한눈에 내려다보여 가끔 명상을 하기도 했다. 고종의 큰아들 완화군이 12살에 세상을 떠나 이곳에 잠시 묻혔기 때문에 애기능 터라고도 불리는 팔각정의 벤치에는 언제부터인가 팔각정 지킴이 아주머니가 있었다. 팔각정 지킴이 아주머니는 청설모 같은 작은 동물들에게 먹이를 주기도 하고 힘겹게 팔각정에 오르는 할아버지, 할머니의 손을 잡아주기도 하며 커피도 대접한다.

월곡산에는 야외 헬스장도 있다. 처음에는 가림막도 없이 일

▲ 월곡산을 오르며 주민과 반갑게 인사하는 신계륜

부 동호인들로부터 시작된 팔각정 헬스장은 조금 장소를 옮겨 가림막을 설치하면서 비바람을 피할 수 있게 되자 회원도 늘었다. 팔각정 맞은편 정상에는 이름하여 '모닝족구팀'이 운영하는 족구장이 있고 회장을 중심으로 회원들이 튼튼하게 결속되어 있다. 나는 자주 그곳에 들러 갈 때마다 모닝커피를 얻어먹는데 1년쯤 지나면 커피값을 얼마나 줘야 할지 모르겠다. 장위동 쪽으로 내려가면 오래된 장월 배드민턴장이 있고 여기서도 커피를 계속 얻어먹으니, 월곡산에 오르는 날이면 커피로 그것도 달달한 믹스커피로 계속 배를 채우게 된다.

그 근방에 월남에 파병 갔던 아저씨가 살았다. 그 아저씨는 고엽제 환자가 되었다. 어느 날 그 아저씨는 나에게 자기 딸의 주례를 서 달라고 부탁했다. 그 아저씨는 자신의 병이 딸에게 유전될까 봐 노심초사하며 살고 있다고 했다. 그즈음 나는 고엽제 환자에 대해 많은 것을 듣게 되었다. 나는 우리나라 고엽제 환자 대표가 미국으로 건너가 미국 정부 관계자의 면담을 요구하며 베트남 전쟁에서 고엽제 피해를 입은 우리 피해자들을 위해 보상을 요구했다는 소식을 아저씨에게 전해 주었다. 얼마 후 그 아저씨는 말초신경계 장애를 앓다가 사망했다고 들었다. 베트남 전쟁 이후 처음에는 고엽제 피해자인 줄도 모르고 사망한 사람도 있고 이유도 모르고 여러 가지 병을 앓게 된 사람도 있으며, 나중에 고엽제 환자를 국가가 인정하면서 신고를 받았지만 고작 2000여 명밖에 인정받지 못했다. 신고를 기피하는 사람들이 훨씬 더 많다고도 한다.

월곡산을 한번 돌아 내려오다 보면 배가 고프다. 일요일이면 월암 배드민턴 클럽에 들러 같이 가벼운 식사와 막걸리를 한잔 하거나 생명의 전화 근처 유서 깊은 해장국집에 들러 선지해장국을 먹으면 정식 일과를 다시 시작할 힘을 얻는다.

30여 년 계속된 이 길 위에는 어디를 가나 스치는 돌멩이 하나에도 길게 이어지는 이야기들이 숨어 있다.

몇 가지
뒷이야기

"지난 2009년 제주—임진각 구간을 60일간 걸을 때 맨 선두의 나는 극도의 피로가 엄습하여 졸면서 걷다가도, 신경은 예민해져 대열의 뒤에서 돌멩이가 구르는 소리에도 반응하여, 대열의 몇 번째 회원의 발걸음이 무거운지 그냥 알게 된다."

_『걸어서 평화 만들기』중에서

  성북구의 몇몇 아파트를 포함하여 종암동과 돈암동 일대의 아파트들을 보면, 그 아파트들이 건립될 때 있었던 일에 대해 몇 가지 뒷이야기를 하고 싶을 때가 있다. 성북노인종합복지관, 서울사대부고, 월곡 배수지, 월곡산의 월곡인조잔디구장, 배드민턴 전용 구장, 월암 배드민턴장, 석관동, 장위동 일대의 빗물 펌프장, 석관동의 종합스포츠센터, 석계초등학교, 한국예술종합학교, 화랑로를 관통하는 고가 도로, 각 동에 산재한 마을 마당, 그 외 여러 복지관과 청소년 관련 시설 등을 볼 때도, 나의 기억을 소환하는 뒷이야기를 하고 싶어진다. 그중에서 몇 가지 뒷이야기를 꺼내려고 한다.

  과거 월곡 3동과 4동이 위치한 월곡산 일대는 문자 그대로 달동네였다. 60년대, 70년대 우리나라 산업화 시대에 농촌에서 도시로 이주해 온 고달픈 이주민들이 살아가는 빈민촌이었다. 월곡산 일대는 관악구 봉천동 일대와 함께 대한민국의 대표적인 달동네였다.
  이곳을 재개발하는 계획은 이 동네를 발칵 뒤집어 놓았다. 당시 월곡 4동 구의원이었던 조기찬 의원은 재개발에 대해 그리 좋지 않은 시각을 갖고 있었다. 그러나 조기찬 의원은 이곳의 재개발을 둘러싼 논의에서 매우 중요한 사람이었기 때문에 재개발에 대해 대외적으로 매우 신중한 입장을 표했다. 그러던 어느 날 심각한 지병으로 병원에 입원해 있던 조기찬 의원이 월곡 4동 재개발에 대한 결론을 내고자 나와 면담을 요청했다. 병상에서 그는 나에게 다음과 같은 말을 했던 것으로 기억한다.
  "재개발의 이익이 어디로 더 많이 갈지 모르겠지만 곰곰이 생각해 보니 재개발은 불가피합니다. 기왕에 불가피하다면 주민들을 설득하고 가난한 주민들의 피해가 최소화되고 개발의 이익이 균등하게 돌아가도록 해주십시오. 꼭 부탁합니다."

얼마 있지 않아 조기찬 의원은 세상을 떠났다. 나는 조기찬 의원이 나에게 진심 어린 유언을 남긴 것으로 생각했다. 나는 재개발을 지원했고 우여곡절 끝에 월곡 4동과 월곡 3동 지역에 아파트가 지어졌다. 일부 원주민들이 아파트에 입주했고 많은 원주민들이 월곡동을 떠났다. 대부분의 성북구 재개발 사업은 이와 비슷하게 고통스러운 과정을 통해 진행되었다.

성북구에 서울대학교 부설 사대부고가 있다. 그런데 서울대학교의 국립대학법인 전환 과정에서 사대부고에 대한 규정이 없어 학교가 존립의 위기에 처했었다. 나는 2012년 사대부고와 서울대학교 측의 의견을 듣고, 성북구 학부모들의 강력한 요청에 따라, '국립대학법인 서울대학교 설립·운영에 관한 법률'을 개정해 사대부고의 지위가 흔들리지 않게 만들었다. 일부 교사들의 반대 의견도 있었지만 나는 지역 주민들의 간절한 요청을 따르지 않을 수 없었다. 사대부고가 사대부고로서 성북구에 있도록 한 것은 지금 생각해도 잘한 일이라고 생각된다.

아마도 나는 국회 상임위원회 중에서 별로 인기 없는 환경노동위원회에서 가장 오래 일한 국회의원일 것이다. 그로 인해 성북구에 아주 맑은 물을 공급하게 되기도 했다. 서울의 상수도원으로 쓰이는 한강은 오염이 심해 나는 환경노동위원회 재임 기간 내내 서울의 상수원이 안전한지 늘 점검하고 감시했다. 성북구에서 팔당댐 쪽으로 가다 보면 댐 몇 km 아래 오른쪽으로 취수장이 하나 보인다. 여기가 강북취수장이다. 평상시 수문을 개방하지 않을 때라도 팔당댐 수문을 통해 조금씩 흘러나온 물은 강줄기를 따라 모래와 자갈 사이로 흐르며 자연정화되어 강북취수장에 이른다. 수질 검사를 해보면 이곳 물은 팔당댐에 갇혀 있는 팔당댐 상류의 물보다 오히려 깨끗하다. 이 물은 강북취수장에서 다시 정화되어 굵은 관을 통해 월곡 배수지에 이르고 다시 수압을 실은 이 물은 성북구의 각 가정에 배달된다. 월곡 배수지 건설은 많은 예산이 소요되었고 민원도 많았지만 무사히 건설되었고 그 위에 흙을 덮고 인조 잔디를 심어 성북구의 제1월곡인조잔디구장이 되었으니 참 여러 면에서 편리한 시설이 되었다.

▼ 석관동에서 주민들과 함께

지금 석관동의 한 아파트는 지은 지 오래되어 엘리베이터 등의 교체 공사가 한창이다. 그곳에 있던 연탄 공장이 연탄을 만들던 시대를 접고 좋은 주거지를 마련한 것은 다행스러운 일이었다. 그러나 민간이 부지를 매입하고 여기에 아파트를 건립하는 과정에서 문제가 발생했다. 시공 회사가 굴착 공사를 하다가 땅속에서 발견한 폐연탄 더미의 처리 비용을 누가 부담하느냐를 두고 다툼이 생겨서 공사가 지연되자, 내가 당사자들을 국회로 불러 조정에 나서게 해 겨우 해결할 수 있었다. 또 당시 신규 아파트가 2000세대가 넘으면 초등학교 부지를 제공해야 했는데 그 아파트는 2세대가 모자란 1998세대를 지어 그 의무를 면제받았다. 시공 회사의 편법을 구청이 용인한 것으로, 결국은 국가가 아파트 옆에 석계초등학교를 지어 해결했지만 그만큼 국고를 낭비하게 된 사례로서 불명예스럽게 남게 되었다.

종암동에 있는 성북노인종합복지관은 내가 서울시 부시장 시절 예산을 우선적으로 배정받아 다른 구보다 먼저 지어진 시설이다. 후에 나의 어머니가 오랜 시간 이용하기도 해서 각별히 느껴지는 곳이기도 하다. 또 석관동, 장위동 일대의 중랑천변 배수 펌프장의 긴급 설치는 그 일대의 물난리 걱정을 말끔히 씻어 주었다. 하천의 범람도 문제지만 집중 호우가 내리면 미처 빠져나가지 못한 빗물이 고이고 역류하며 물난리가 난다.

중랑천 변의 가장 낮은 곳을 골라 빗물이 모이도록 하고 이를 강제로 중랑천에 내보내는 펌프장 시설은 지금도 관심 있는 사람은 누구나 볼 수 있다.

어느 날 석관동을 걷다가 어떤 여성을 만났다. 그녀는 어린 아이와 함께 걷고 있었는데 나를 보더니 마을 근처에 아이들이 놀 곳이 없다고 하소연했다. 나는 구청과 협의하여 최대한 동네의 자투리땅을 매입하여 작은 마을 마당을 많이 만들자고 제안했다. 아직도 부족하지만 성북구의 마을 마당은 지금 많이 늘어났다.

나는 앞으로도 성북구를 자주 걸을 것이다. 그리고 더 나은 기억을 만들기 위해 내 신발에 돌멩이가 걸릴 때마다 또는 뒤에 오는 사람의 신발에 돌멩이가 걸리는 소리가 들릴 때마다 멈추어 서고 앞을 내다볼 것이다.

4부

다시 다리가 되어

4부 '다시 다리가 되어'는 지금까지 필자가 행한 연설을 글로 정리해 모은 것이다. 당시 상황을 생생하게 전달하기 위해 가능한 그대로 옮겼으나, 생략되거나 수정된 부분도 있음을 밝힌다.

국회 본회의
대정부 질문

이 글은 필자가 2001년 국회 대정부 질문에서 밝힌 필자의 견해를 옮겨 쓴 것이다. 시간이 많이 지나서 구태의연한 부분도 없지 않지만 오히려 지금의 정세에서 지켜야 할 원칙과 방향에 대해서 되새겨 볼 만한 연설이라 생각하여 그 전문을 옮겨 적는다.

존경하는 국회의장님, 선배·동료 의원 여러분! 그리고 국무총리를 비롯한 국무위원 여러분! 저는 이 자리에 서서 지금으로부터 7년 전 1994년에 있었던 북한 핵 위기 사태에 대해서 상기해 보고자 합니다. 그때 미국은 북한의 원자로 시설에 대한 폭격과 전쟁의 검토를 결정했습니다. 이것은 우리 의사와 상관없이 한반도에서 6.25 전쟁과 똑같은, 아니 어떤 보고서에 의하면 200만 명의 민간인이 살해될 수도 있는 전쟁이 시작되는 것을 의미했습니다.

민족의 생존이 달린 그 엄혹한 순간에 우리는 무엇을 했습니까? 우리 지도자들은 무엇을 했습니까? 저는 그때를 생각하면, 야당 의원으로서 한계도 있었지만, 그때나 지금이나 부끄러움과 자괴감에 얼굴을 들 수가 없습니다. 우리 모두 반성해야 합니다. 아까 존경하는 김용갑 의원님도 말씀이 있었지만 김용갑 의원님도 반성하십시오.

한반도에서의 전쟁 결정이, 우리 운명의 결정이 우리 손에 있지 않고 남의 손에 있었다는 사실 그리고 우리의 이해를 반영하기 위해서 우리가 조금도 노력을 기울이지 못했던 사실, 그러한 무능과 국제 정세에 대한 무지 이런 것에 대한 반성을 하지 않고 오늘날 전개되고 있는 국제 정세에 대해서 올바른 이해를 할 수 없습니다. 2001년 10월 7일 미국은 9.11 테러 사건의 보복으로 아프가니스탄에 대한 공격으로 전쟁을 시작했습니다.

국제 정세는 극도의 긴장 상태에 빠졌습니다. 그리고 국제적 분쟁 지역에 대한 이목도 집중되었습니다. 잘 아시겠지만 이러한 상황 속에서도 우리는 분단의 한반도에서 오히려 남북 화해가 증진되고 상대적으로 정세 안정이 이루어지는 것을 지금 목격하고 있습니다. 만약 94년 북핵 위기 때처럼 남북 긴장이 고조되고 있었던 시기에 미국의 테러 사건이 발생했다면 미국의 폭격과 전쟁의 대상에서 북한은 결코 자유롭지 못했을 것입니다. 우리 국민들도 북한의 테러 위험으로부터 또는 미국의 공격으로 발생할 수도 있는 전쟁의 공포로부터 결코 자유롭지 못했을 것입니다. 그러나 우리는 오늘 국제 정세의 긴장 속에서도 경계는 철저히 하되 한반도 위기를 우려하지는 않게 되었습니다. 바로 이것이, 이러한 상황이야말로 우리가 지금까지 꾸준히 추진해 온 포용정책의 효과라고 감연히 말씀드릴 수 있습니다.

대북포용정책은 강력한 안보 태세에 바탕을 두고 남북 간의 화해와 교류 협력을 실현하여 이 땅에 평화를 정착시키려는 대북 노선입니다. 그것은 남북관계를 특징짓고 있는 현재의 분단 상태를 평화적으로 관리하고 여기서 더 나아가서 평화 정착과 통일로 나아가는 이중적 과제를 동시에 수행하는 사업입니다.

햇볕정책이라고 표현되고 또 때로는 화해협력정책이라고도 표현되는 이 포용정책은 탈냉전의 세계 속에서 우리 민족의 생존과 발전을 도모할 수 있는 유일한 대안이라고 생각합니다. 남북 정상 회담 이후 지금까지 구체적으로 진행된 남북관계의 변화를 조금만 눈여겨 살펴보면 이전과는 확연히 다른 분명한 성과를 확인할 수 있습니다.

그럼에도 불구하고 대북포용정책에 대한 음해성 공격과 시비가 끊이지 않습니다. 저는 언젠가 고대 인근의 야산에 아침 운동을 나갔다가 자신을 한나라당 지지자라고 밝힌 50대 여성으로부터 이런 말을 들었습니다.

"우리도 살기 힘든데 우리 대통령이 너무 북한에다 퍼다 줘요." 이렇게 말하는 것을 들었습니다. 그래서 제가 이렇게 물었습니다. "그래, 대통령이 무엇을 퍼다 줍니까?" 이렇게 물으니까 그 여성은 한참을 생각하더니 "우리가 낸 적십자회비를 모아서 북한에 갖다준다." 이렇게 말했습니다. 생각하는 것은 자유입니다마는 조직적인 음해성 퍼주기론 유포라면 실로 유감스러운 일이다, 저는 이렇게 말씀드립니다.

실제로 살펴보겠습니다. 98년 3월 이후 2001년 9월 현재까지 정부가 북한에게 무상으로 지원한 금액은 1억 8795만 불로 나와 있습니다. 반면에 지난 시기 한나라당이 여당일 때 김영삼 정부가 북한에 무상으로 지원한 금액은 2억 6172만 불로 나와 있습니다.

또한 정부가 1억 8795만 불을 무상 지원하고 북한에 퍼주기 한다는 비난을 받고 있을 때, 같은 시기에 국제사회는 북한에게 10억 불이 넘는 돈을 인도적으로 무상 지원했습니다.

도대체 무엇이 퍼주기입니까? 통일 전 서독이 동독에게 지원

한 금액은 무려 550억 불입니다. 그래도 독일은 동족 간의 지원에 대해서 퍼준다고 말하지 않았습니다. 한나라당이 여당일 때 김영삼 정부가 북한 경수로 건설 비용의 70%를 부담하기로 했다고 했을 때 그래서 우리가 감당해야 될 비용이 무려 30억 불에 이를 것이라는 예상이 있었습니다마는 우리는 김영삼 정부에 대해서 한 번도 퍼준다고 비난하지 않았습니다.

국무총리에게 묻습니다. IMF 이후 우리 경제 침체로 인해서 대북 지원에 대한 국민의 심리적 관용도가 낮아지고 있는 것이 엄연한 사실입니다. 실제로 경제가 어렵습니다. 그래서 대북 지원에 관해서도 신중해야 합니다. 그러나 다른 한편 우리는 전쟁을 방지하고 평화를 증진시키기 위해서는 최소한 이를 추구해 나갈 평화 비용이 소요된다는 점을 인식할 필요가 있습니다. 또한 평화 비용은 반드시 우리 삶의 질을 향상시키는 방향으로 우리에게 보답한다는 점도 인식할 필요가 있으며 이러한 내용을 국민들에게 적극적으로 알려 나갈 의무가 정부에게 있습니다.

국무총리, 앞으로 국민들을 상대로 어떻게 홍보해 나갈 것인지 구체적으로 계획을 밝혀 주시기 바랍니다. 방금 말씀하신 대로 야당에서는 금강산 관광 사업이 이른바 퍼주기론의 대표적인 사례라고 지적하고 있습니다. 그러나 생각해 보십시오.

지난 97년 대선에서 당시 한나라당 대통령 후보인 이회창 총재도 통일 분야 핵심 공약으로 북한 금강산 지역의 관광 개발 사업 지원을 제시했습니다. 이것은 공약집에 나와 있습니다.

현재 추진 중인 금강산 관광 사업과 이회창 총재의 공약은 조금도 다르지 않습니다. 금강산 관광 사업은 남북관계 개선을 통해 한반도 긴장을 완화시킴으로써 IMF 사태로 위기에 처한 우리 경제 환경을 호전시키는 데 분명히 기여했습니다. 그것은 결코 퍼주기가 아닙니다.

그렇기 때문에 철저한 반공주의자였던 박정희 대통령도 1971년 대통령 선거 유세 과정에서 3차 5개년 계획이 끝나는 5년 후에는 남북 간 도로를 개설하고 남한과 북한이 각각 3억 불, 2억 불씩 내서 금강산을 개발할 수 있을 것이라고 밝혔습니다. 그때 돈 3억 불이면 지금 돈 30억 불은 족히 됩니다. 그러나 그때 지금처럼 퍼준다는 식으로 비판한 사람은 없었습니다. 이제 정치 공세로서 퍼주기론은 종식돼야 합니다.

지난 9월 20일 한나라당에서 대북 쌀 지원을 촉구하는 정책을 제안했을 때, 저는 한나라당의 전향적 자세에 대해 높이 평가하였습니다. 그 제안이 있고 얼마 지나지 않아 분배의 투명성 등의 조건을 들고 나오다 급기야 이산가족 상봉 연기가 발표되자 한나라당의 대북 쌀 지원 제안은 백지화된 것처럼 보입니다. 이것은 대북 쌀 지원에 대한 한나라당의 태도가 아닙니다. 이것은 대북포용정책 전반에 대한 한나라당의 끊임없는 시비와 동요의 태도를 보여주는 것에 불과한 것입니다.

존경하는 선배·동료 의원 여러분! 지금 우리는 쌀 과잉 공급 문제로 고민하고 있습니다. 우리 농민들이 들판이 아닌 거리로 나와서 쌀값 안정을 요구하며 농성하고 있습니다. 반면에 북한 주민들은 기아와 굶주림에 허덕이면서 병들어 가고 있습니다. 인도적 차원의 지원에 대해서 정치권이 정치 쟁점화시키지 말 것을 진심으로 당부드립니다.

관련하여 통일부 장관에게 묻습니다. 지난 98년 3월 이후 지금까지 우리 정부와 민간이 순수한 인도적 차원에서 북한에 지원한 쌀 등의 지원 규모가 3억 1478만 불인 데에 비해서 국제사회의 지원 규모가 10억 불을 넘고 있습니다. 우리 정부와 민간의 대북 교류와 인도적 대북 지원을 확대할 의향과 방법에 대하여 특히 민간 부분의 교류와 인도적 대북 지원을 확대할 의향과 방법에 대해서 답변해 주시기 바랍니다.

안보는 산소와 같다고 합니다. 공기와 같다고도 합니다. 그만큼 소중합니다. 특히 남북이 대치하고 있는 우리나라 같은 경우에 안보처럼 중요한 말은 없을 것입니다. 그러나 안보를 정치적으로 이용하는 사람들이 있습니다. 포용정책 때문에 안보에 구멍이 뚫렸냐고 말하는 사람이 있습니다. 심지어는 방금 이 자리에서도 친북 세력 운운하는 사람들도 있었습니다.

저는 이렇게 묻고 싶습니다. '과거 정부에서 안보를 정권 연장에 이용하거나 민주 인사 탄압에 이용하거나 심지어는 선거에 이용한 사람들이 민주라는 말을 감히 입에 담을 수 있는가, 안보라는 말을 감히 입에 담을 수 있는가?'라는 생각을 저는 말씀드리지 않을 수 없습니다.

안보는 국민의 생명과 재산을 지키며 국민의 삶의 질을 높여주는 것입니다. 진짜 안보는 뒷전에 놓고 무너지게 만들었던, 안보를 정치에 이용한 정권이 우리에게 무슨 교훈을 남겼는지 벌써 잊은 것은 아닌지 궁금합니다.

관련하여 국방부 장관에게 묻습니다. 과거 우리는 남북 간의 군사적 분쟁이나 기타 갈등으로 수많은 국민과 군인 들의 인명이 희생되었습니다. 80년 전두환 정부 시절부터 현재까지 약 21년 동안 남북한의 군사적 분쟁 등으로 우리 국민이나 군인이 사망하거나 부상당한 사례에 대해서 연도별로 총규모를 밝혀주시기 바랍니다.

저는 그동안 국내 정치와 남북관계를 관찰하면서 권력을 독점한 정권이 통일 문제를 국내 정치에 고의적으로 이용하는 것이 가장 큰 문제라고 생각했습니다. 그러나 지금은 권력을 독점한 정권의 문제가 아니라 권력을 나누어 가진 여야 상호 간의 문제인 것입니다.

　제가 보기에 김대중 대통령이 남북 간 당국자 회담을 상설화하고, 이산가족 문제를 해결하고, 경원선을 연결하고, 개성 공단의 1단계 공사 정도를 마무리 짓고, 남북 군사 직통 전화를 가설하는 일을 성취시키면 그다음 과제는 다음 정부가 맡아야 할 것으로 보입니다.
　아마도 남북연합 제안 같은 경우도 다음 정부에서도 어쩌면 실현되기 어려울지도 모르겠습니다. 통일은 긴 시간이 걸립니다. 그에 앞서 우리 민족을 전쟁의 위협으로부터 해방시키는 평화 정착만도 10년 이상 걸릴 수 있습니다. 이제 다시 남북문제를 국내 정치에 이용하는 그런 일은 없어져야 할 것입니다.

　국론 통일뿐만 아니라 민족 문제 해결에 있어서도 중대한 난관으로 작용하고 있는 것이 또 하나 있습니다. 바로 여야 간의 비생산적인 갈등 구조입니다. 어려운 일이지만 이 문제의 원천적인 해결을 위해서 모든 정치사회 세력들이 남북관계 개선을 자신의 이익으로 간주하거나 최소한 손해로 받아들이지 않을 동의 구조를 만들어 나가야 합니다.
　이를 위해서 여야 정치인들이 대북 문제를 주제로 합숙을 해가면서라도 공유 영역을 넓혀야 하며 정부는 각각의 정치사회

세력들이 남북관계 개선에 자기 역할을 충실히 하도록 인내심을 가지고 배려하는 노력을 경주해야만 할 것입니다.

이를 위해서 정부는 야당에게 보다 적극적인 협조를 요청하고 필요한 정보를 충분히 제공해야 하며 정당은 정당 스스로 남북관계 개선에 기여할 수 있는 길을 찾아야 할 것입니다. 그리고 국회는 국회 차원의 남북 협력 사업을 적극 추진해야 할 것입니다. 지금은 우리가 민족 화해를 위해 스스로 변화할 것이 무엇인지 겸허하게 반성할 때라고 생각합니다.

끝으로 한반도 주변 정세와 관련된 정책을 몇 가지 제안하도록 하겠습니다. 우리는 지난 세기의 불행과 고통을 씻어 버리고 이제 한반도의 지속 가능한 평화체제 구축에 나설 때가 되었다고 저는 생각합니다. 이를 위해서는 남북 간의 평화 정착도 중요하지만 한반도를 둘러싼 동북아시아 나라들의 연대와 협조가 선결적 과제라고 믿습니다.

향후 동북아 지역과 세계 안보 협력에 주요 변수가 될 테러 문제를 효과적으로 대처하기 위해서 조속한 시일 내에 테러방지법을 제정할 용의는 없는지 행정자치부 장관에게 묻습니다.

또한 동북아시아 지역의 평화와 협력을 획기적으로 증진시키기 위해서 한국, 일본, 중국, 북한 등 동북아 국가들이 참여하는, 그래서 과거 역사에 대한 올바른 평가와 반성을 공동으로 담고 미래의 평화와 연대·협력의 내용을 담는 동북아 평화 선언 채택과 더 나아가서 UN을 통한 평화 교과서 채택이 필요하다고 생각되는데 이에 대한 외교통상부 장관의 의견을 물으면서 본 의원의 대정부 질문을 마치도록 하겠습니다.

경청해 주서서 감사합니다.

(사)신정치문화원 창립총회 연설문

이 글은 2008년 11월 11일 사단법인 신정치문화원 창립식에서 필자가 당 혁신과 한반도 평화에 대한 의견을 밝힌 연설문을 옮긴 것이다. 이 연설을 통해 걸어서 평화 만들기를 처음 제안했다.

제가 37살에 시작해서 서울에서 총선만 5번 치렀습니다. 지금 서울의 현역 지역위원장 면면을 살펴보니 김덕규 선배를 제외하고는 여기 계시는 김근태 선배를 포함해서, 모두 저보다 정치를 늦게 시작하지 않았나 생각됩니다. 이 나이에 벌써 이렇게 되었으니 저도 참 딱하게 되었습니다. 저를 좀 격려해 주시겠습니까?

다른 한편 저에게는 그와는 전혀 다른 의미로 386의 맏형이라는 별칭이 있습니다. 그렇게만 아는 일부 사람들은 제가 아직 40대인 줄 알고 그렇게 대하는 사람도 있습니다. 젊어 보인다는 뜻이라면 기분 좋은 일인데 친구하자고 반말하면 곤란해져요.

그래서 내가 "나는 386 아니다."라고 말하려고 몇 번을 작심했는데, 하필 꼭 그때마다 386이라는 단어가 비난의 대명사가 되어 있어서 그런 말을 못했어요. 오히려 어느 때 386이 일부 인사의 잘못 때문에 386 전체가 비난의 대상이 되어 있을 때 저는 공개적으로 "저는 386의 맏형입니다."라는 글을 쓸 수밖에 없었어요. 이번에도 너무 386 냄새가 나지 않도록 하라는 주문을 하는 분도 계셨습니다.

그러나 저를 형이라고 부르는 386이 있는 한, 못났거나 잘났거나 그것이 저의 개인적인 역사이기 때문에 386의 맏형이라고 불리는 것을 오늘 이 시간 오히려 영광으로 생각하겠습니다. 여러분 이해해 주시겠죠?

지난 총선을 돌이켜 보면 지금도 정말 가슴이 답답합니다. 저의 우여곡절은 차치하고도 제가 아는 서울의 선거 역사상 가장 참혹한 패배였다는 사실 하나는 절대 잊지 않고 가야 한다고 생각합니다. 이것을 극복하지 않고는, 그것도 내적으로 극복하지 않고는 앞으로도 민주당의 전국적 승리는 있을 수 없다는 사실을 분명하게 알아야 한다고 저는 강조합니다. 그리고 다른 누구보다도 우선 실패의 당사자인 서울 지역 출마자들이 그 극복의 실마리를 찾아 나서야 한다고 생각합니다.

'뉴타운 열풍이 지나던 지난 총선 시기 민주당의 혼과 정신을 담은 주택정책은 도대체 무엇일까.' 생각했습니다. '민주당은 서울 발전에 대해서 도대체 무슨 구상을 하고 있는가, 민주당을 끝없이 지지하던 중심 지지층인 중산층과 서민은 지금 어디서 무엇 때문에 왜 방황하고 있는 것일까.' 이런 생각을 끝없이 했습니다.

그리고 저는 몇 번의 모임과 나름의 서울 분석을 통해 지금처럼 가면 안 된다는 생각을 했습니다. 그래서 이 문제를 가장 절박하게 이야기했고 그 심각성을 잘 알지만 어떻게 시작해야 할지 몰라 흩어져 있는 서울의 지역위원장들을 중심으로 우선 그 극복의 실마리를 찾아 나서야겠다고 생각했습니다. 특히 서울의 젊은 지역위원장들의 치열한 자기반성과 전면적인 대중 실천을 기대해 봅니다. 이것이 소박한 신정치문화원 출범의 첫 번째 의미입니다.

'공든 탑이 무너지랴.'라는 속담이 있습니다. 지금 남북관계를 보면 공든 탑도 무너진다, 아니다, 할 정도로 그 정도가 심각합니다. 우선 무엇보다도 이명박 정부가 6.15 선언과 10.4 선언을 계승한다는 선언을 해야 합니다. 이것은 김대중 대통령도 여러 번 강조했듯이 경색된 남북관계를 풀어내기 위한 가장 우선적인 전제입니다.

저는 신정치문화원과 함께 정부나 당과는 다른 수준에서 남북관계 악화를 막고 그 발전을 위한 전진적인 사업들을 독자적으로 추진하려 합니다. 그것은 신중하지만 확고한 저의 개인적인 신념에 기초한 것입니다. 예를 들면, 올겨울에 준비를 잘해서 내년 4월 9일, 그날의 참패를 잊지 말자는 뜻에서 고난의 행진이기도 하고 지역주의, 남북 분단을 허물어가자는 의지이기도 한 한반도 대행진을 한라에서 백두까지 조직해 볼까 합니다. 조국 강산을 몇 달이 걸리더라도 걸으며 생각하고 반성하며 또한 구상하는 그런 행진 말입니다. 기타 많은 사업들이 구상될 수 있을 것입니다. 이와 함께 내년에는 저의 부시장 경험과 그때 만난 훌륭한 10명의 전문가들과 협의를 토대로 하여 서울의 지역위원장들과 함께 머리를 맞대고 우리 나름의 서울 발전 구상도 만들어 보려 합니다.

우리의 이러한 노력이 서울의 지역위원장들에게 격려가 되고 당이 지난 총선과는 달리 서울 전략을 올바로 수립하는 데 도움이 되었으면 합니다. 신정치문화원에 대한 관심과 지원을 부탁드립니다.

아울러 민주당에 대한 저의 소견을 조금 말씀드려 볼까 합니다. 여러분이 잘 알다시피 올 총선 전 민주당과 열린우리당이 분립을 끝내고 통합된 민주당으로 재탄생했습니다. 그러나 통합은 되었어도 총선은 실패하고 지금도 지지율은 부진하며 집 나간 지지층은 좀처럼 돌아오지 않고 있습니다. 좀 더 면밀한 분석이 필요하겠지만 그에 대해 저의 견해는 이렇습니다.

첫째, 제 생각에는 무엇보다 당의 정체성 확립이 필요합니다. 당은 그 깃발이 선명해야 하며 그래야 그 깃발 아래 모이는 사람들을 중심으로 대오를 형성할 수 있고 곤란한 환경도 이겨 낼 수 있습니다.

정체성은 2가지 방향에서 나옵니다. 정체성은 무엇보다 당의 역사에서 나옵니다. 기나긴 민주화 투쟁과 지금 한나라당의 전신인 독재 권력과의 투쟁 그리고 김대중 대통령 정부와 노무현 대통령 정부, 이것이 우리의 정체성을 일단 규정해 줍니다. 양 대통령 시절의 정책과 나는 다르다고 해봤자 아무 소용이 없습니다. 이것을 인정하고 잘못된 일에 대해서는 잘못되었다고 말해야 할 것입니다. 그런데 문제는 당의 역사 전체에 대해 자신을 갖지 못하며 민주당 역사의 일부분인 양 대통령의 시기에 민주당이 이룩한 성과에 대해서조차 자신 있게 말하기를 주저하는 데서 저는 정체성의 혼란이 시작된다고 생각합니다.

우리는 우리를 자랑도 해야 합니다. 우리는 민주주의를 이루었습니다. 우리는 국가 부도를 낸 정권을 넘겨받아 국란을 극복했고 무려 2700억 불의 외화를 넘겨주었습니다. 우리는 남북 대화와 협력의 새 시대를 열었습니다. 정경유착의 고리를 최초로 끊어 냈습니다. 그리고 또 얼마나 많은 빛나는 업적들이 있습니까.

더구나 공안 정국을 방불케 하고 남북 대화가 단절되고 경제 위기가 다시 와 환란이 우려되고 중산층과 서민이 결정적으로 몰락할 위기에 처해 있는 지금의 정세를 감안해 보면, 우리의 주장은 더욱 설득력 있는 것이 될 수 있습니다. 이제 우리가 잘못한 것에 위축되지 말고 나는 다르다고 비켜서지 말고 이제 우리가 잘한 일에 대해 제대로 말할 수 있어야 합니다.

그리고 당의 정체성은 지지층의 믿음에 있습니다. 그것은 민주당이 자신을 확고히 대변하고 있다는 지지층의 믿음과 민주당이 다시 집권할 수 있다는 지지층의 믿음입니다. 그런데 지난 대선부터 민주당 지지층 속에서 이 두 가지 믿음에 균열이 생겨서 동요하고 지금도 계속되고 있습니다. 시작은 과거 노무현 대통령 정부와 열린우리당에서부터 시작되었지만 지금 통합된 민주당과 새로운 체계에서도 이런 사태가 계속되고 어떤 의미에서는 악화되어 있다는 사실에 우리는 주목해야 합니다.

진보냐 보수냐, 개혁이냐 수구냐는 용어는 정치적 용어이며 우리 사회를 잘 대변하고 있는 용어는 아닙니다. 오히려 우리는 우리가 국민의 어떤 삶에 어떤 도움을 주었고 앞으로 어떤 도움을 줄 용의가 있는가에 대해 말해야 합니다.

우리는 우선 중산층과 서민의 이해에 철저히 복무해야 합니다. 그리고 우리는, 민주주의의 심화 발전에 관심이 있는 사람들, 남북의 화해 협력과 민족 통일에 관심이 있는 사람들, 민족의 다양한 가치와 문화에 대해 존중하고 각계각층의 이해를 존중하려는 사람들과, 지나친 민주주의에 우려를 표시하며 겉으로는 법과 질서의 수호를 내세우며 속으로는 과거 권위주의로의 회귀를 꿈꾸는 사람들, 인도적 지원을 퍼주기로 매도하며 남북 간의 대립이 격화되기를 꿈꾸며 그 속에서 자신의 이해를 실현시키는 사람들, 그리고 사회 특정 계층의 이익을 실현하기 위해 권력을 행사하기를 원하는 사람들과 싸움을 선포하고 그 대립점을 명료히 해야 합니다. 그래야만 민주당을 위해 어떤 고난도 감수하고 지지하려는 대열이 형성되고 집 나간 지지층이 돌아올 것입니다.

그러면서 내부적으로 합리적인 보수부터 진보에 이르는 민주당의 정체성에 대해 동의하고 이해하는, 바른 논의를 시작해야 합니다. 그러한 우리의 정체성에 대한 바른 논의와 이해는 우리의 패배주의를 극복하게 해줄 것이고 단결하게 할 것이며,

우리의 외연을 확연히 넓혀줄 것입니다.

당의 역사에서 우리가 견결히 지켜 온 가치를 다시 새기고 중산층과 서민의 이익을 옹호해서 당의 정체성을 회복하는 것이 가장 우선의 당내 과제라는 저의 주장이 옳다면 지금 큰 박수로 여러분의 마음을 저에게 보내주시기를 부탁드립니다.

정체성 못지않게 중요한 것은 이를 상징하고 전체를 이끄는 지도자입니다. 우리나라의 사정은 특히 지도자에 따라 당의 정체성을 판단하는 경향이 강하기 때문에 다음 지방 선거를 성공적으로 치르기 위해서는 지방 선거 전에 다음 대선 후보를(또는 후보군을) 가시화시키고 대선 후보가 지방 선거를 진두지휘하게 해야 한다고 생각합니다. 그렇게 해야 지방 선거도 책임 있게 치를 수 있고 대선 후보도 검증이 가능할 것입니다. 어쩌면 이보다 더 정확한 검증은 없을 것입니다.

특히 유감스럽지만 어떤 상황에서 불가피하게 당 밖의 후보가 당의 대선 후보가 될 수 있으려면 그것이 사전에 준비되고 검증을 거쳐야 합니다. 선거에 임박해서는 불가능하다는 사실을 우리는 경험으로 잘 알고 있습니다. 그러므로 지방 선거 전에 차기 대선 후보를 가시화할 준비를 서두르자고 제안합니다.

저는 이 두 가지, 우선 당 정체성의 올바른 확립 그리고 지방 선거 전에 차기 대선 후보 가시화를 주장하며 저의 그런 주장이 민주당 지지 회복에 도움이 되기를 바랍니다.

저는, 여기 앉아 있는 김근태 선배와 함께 91년 당시 야권의 대통합을 주장하며 정치에 들어와 마침내 야권 통합을 이룩하고 97년 대선에서는 청년위원장으로 기여했습니다. 저는 당시 야권 통합이 이루어지지 않았다면 97년 대선 승리가 어려웠을 것이라고 생각합니다. 2002년 대선에서는 노무현 대통령 후보 비서실장으로 후보 단일화 협상단장으로 나서 후보 단일화를 이루어 다시 집권하는 데 기여했습니다. 또한 저는 당시 후보 단일화가 없었다면 2002년 대선 승리가 어려웠을 것이라고 생각합니다. 그리고 올해 초에는 대통합민주신당 마지막 사무총장으로 그리고 통합민주당 초대 사무총장으로 일하면서 지금 민주당의 기초를 닦았습니다.

그러나 저는 그동안 단 한 번도 그 성과를 달라고 한 적이 없으며, 누려 본 적도 없습니다. 김대중 대통령 정부 때는 물론이고 노무현 대통령 정부 때도 한 번도 정부에 들어가 본 적이 없습니다. 그리고 지난 총선 때는 오히려 제가 기초를 닦은 민주당에서 공천도 받지 못하고 조용히 당을 물러나는 슬픔을 맛보기도 했습니다. 저는 이것이 제 운명이라고 생각하고 모두 잊고 새출발합니다.

그러나 솔직히 말씀드리면 저는 개인적으로 두렵고 힘이 들며, 다시 비바람 부는 광야에 선 제가 너무 얇은 옷을 입은 아이처럼 보이기도 합니다.

그럼에도 불구하고 제가 인연의 끈을 놓지 않고 자꾸 스스로와 주변을 재촉하는 이유는 제가 진정 하고 싶었던 일을 못 했기 때문입니다. 저는 제가 생각하는 정치를 해보고 싶었습니다. 그러나 한 번도 그렇게 하지 못했습니다. 그렇게 저는 지금까지 시대적 요구를 위해 스스로를 삼가고 주장을 접으며 때때로 스스로를 버리면서 살아왔습니다. 제가 아니라 시대를 대표하는 다른 사람을 위해서라면 어떠한 희생도 감수하겠다는 자세로 살아왔다고 생각합니다.

그러나 앞으로는 제 스스로 생각하는 가치와 이를 실현하는 정치를 위해 제가 헌신할 수 있는 기회가 아직 남아 있었으면 하는 소망을 갖고 지금 이 자리에 서 있음을 고백합니다.

존경하는 여러분! 버락 후세인 오바마 후보의 대통령 당선은 링컨의 노예 해방에 버금간다는 김대중 대통령의 평가처럼 미국이 잘못할 때는 한없이 밉다가도 오바마의 당선 같은 일을 보게 되면 미국 사회의 저력을 느끼게 된다고 사람들은 말합니다.

그러나 저는 미국 사회의 저력보다는 미국 민주당의 저력을 보게 됩니다. 저는 오바마의 『내 아버지로부터의 꿈』이라는 자서전을 읽고 모든 가능성에 대비해 확실히 열려 있는 정당, 미국 민주당을 보았습니다. 그래서 선거 때 대선 후보를 밖에서 꾸어 오는 궁상맞은 궁리를 하지 않아도 되는 미국 민주당을 말입니다.

우리는 스스로를 되돌아보아야 합니다. 우리 민주당의 여러 장치들이 우리 안에 있는 보석을 찾아낼 준비를 하고 있는 것인지, 아니면 감추고 숨길 준비를 하고 있는 것인지 뒤돌아보아야 합니다. 이 말이 주는 부정적 이미지에 대해 저도 잘 알지만 그대로 쓰기로 합니다. 우리 민주당은 우리 안에 있는 인재들, 지방의회 의원부터 시장과 군수 그리고 국회의원을 비롯해서 수많은 새로운 인적 요인들이 자신의 창의와 능력으로 당 안에서 새 생명을 꽃피울 수 있는지 아닌지 살펴보아야 합니다. 만약 아니라고 한다면 우리는 즉시 민주당을 혁명적으로 바꾸어야 합니다. 그것이 우리가 정당을 하는 이유이기도 할 것입니다.

그리고 민주당의 사람들은, 특히 올바로 사고하려는 사람들은 움직여야 합니다. 지금처럼 가만히 있거나 움직이지 않으면 기회가 오지 않습니다. 축구에서 한 골을 넣을 기회를 마련하기 위해 선수들이 얼마나 움직이며 팀워크를 구사하고 사력을 다합니까. 민주당도 마찬가지입니다. 두드러지는 대선 후보가 없다고 말하며 그냥 앉아 있지 말고 마음 맞는 사람들끼리 부지런히 움직여야 합니다. 그렇지 않으면 우리는 또다시 대선 후보, 서울시장 후보를 밖에서 빌려 와야 하는 불행한 상황을 맞을 것입니다.

민주당을 사랑하는 사람들이여, 움직입시다. 그래서 기회를 만듭시다.

존경하는 여러분!

이제 저는 저의 말을 마치려 합니다. 저의 부족한 점 그리고 제 생각과 다른 의견도 당연히 이 연설에 드러날 것입니다만, 문제 제기로 받아들여 주시고 앞으로 사단법인 신정치문화원에 따뜻한 관심을 가져 주시기를 부탁드립니다.

감사합니다.

서울시장 보궐 선거 당내 경선 연설문

이 글은 2011년 잠실실내체육관에서 진행한 서울시장 후보 당내 경선에서 필자가 행한 연설의 일부를 옮긴 것이다.

위기의 서울, 위기의 민주당, 9회 말 4번 타자 신계륜이 나왔습니다.

나는 민주당원임을 생애 최고의 명예로 여깁니다. 민주당의 오늘은 당원 동지 여러분의 피와 눈물로 이루어 왔습니다. 60년 전통 민주당은 자랑스러운 선배 당원 여러분이 비바람과 폭풍 앞에서도 온몸으로 지켜 왔습니다.

존경과 감사를 드립니다.

새롭게 민주당에 참여하신 당원 동지 여러분, 민주당은 세대를 이어 우리 함께 땀 흘려 일구어 가야 할 민주주의의 터전입니다. 민주당은 당원이 지킵니다.

민주당원만이 세상을 바꿀 수 있습니다. 새로운 세상을 열어 갑시다. 이번에 우리의 자랑스러운 77명의 서울시 의원이 민주당의 이름으로 오세훈을 굴복시켰습니다.

200명의 구의원님, 21명의 구청장님 그리고 30만 서울시 당원은 서울을, 더 나아가 대한민국을 지킬 명예로운 민주당의 또 다른 이름입니다.

(노래 생략)

민주당의 오래된 당원 신계륜이 당원 여러분에게 함께 가고자 손을 내밉니다. 저의 손을 잡고 고통받는 서민과 서울시민의 눈물을 닦아 줍시다. 무너지는 서울, 절망과 분노의 도시, 당원 동지들과 함께 신계륜이 살려 내겠습니다.

서울은 불황과 흔들리는 세계 경제 앞에 죽음의 도시가 되고 있습니다. 서울은 서민의 땀과 노동, 한숨과 눈물로 일구어 온 삶의 터전입니다. 서울은 우리 민주당원과 민주시민이 피 흘리며 세운 민주공화국의 수도입니다. 우리가 만든 도시입니다.

이명박이 폭정으로 파탄 내고 거덜 낸 대한민국, 오세훈이 부린 만용으로 서울은 마침내 죽기 직전입니다. 그대로 두면 빚더미와 폐허가 될 것입니다. 겉만 번지르르한, 허약하고 무능한 시장 뽑아서, 또 얼마나 더 많은 서민이 눈물과 땀을 흘려야 합니까. 오세훈으로 끝내야 합니다. 한나라당 10년에 지치고 가난에 설움받은 서울시민의 분노를 일시적 인기와 이미지만 갖고 달랠 수 없습니다.

당원 동지들과 어깨 걸고 신계륜이 살려 내겠습니다. 위기의 서울, 준비된 시장 신계륜이 바꾸겠습니다.
첫째, 이명박과 오세훈이 저질러 놓은 서해뱃길, 한강 변 고층 아파트 등 토건 사업들 즉시 중단시키겠습니다.
둘째, 빚으로 운영되는 버스 준공영제 등을 과감하게 수정하겠습니다.
셋째, 아파트 총량제 도입하고 도시형 제조업 육성하겠습니다. 주거혁명 가져오겠습니다. 일하고 싶은 시민이라면 누구나 서울 시내에서 일할 수 있도록 하겠습니다.
민주당이 서울시 정부를 탈환하여 복지 서비스 확대하고 서울시민의 삶의 질을 극적으로 향상시키겠습니다.

존경하는 당원 동지 여러분, 벼랑 끝에 선 민주당, 내 몸 불살라 지키겠습니다. 민주당은 시대의 주인입니까, 가라앉는 배입니까. 오늘 이 경선에서 우리가 강력한 후보를 뽑지 못하고, 페이스메이커를 뽑아 후보를 당 밖의 사람에게 바친다면, 이러한 구상을 하고 있는 당내 세력이 있다면, 다가오는 총선, 대선에서 승리는 없습니다. 당은 붕괴에 직면할 것입니다.

침몰하는 배에서 황망하게 탈출하는 상황을 또 연출하겠습니까? 덕망 높은 조순 영입하여 시장 당선시켜 보지 않았습니까? 후보 빼앗기고 사라져 가는 민주당의 당원이 되겠습니까? 아니지요.

불과 몇 개월 앞으로 다가온 우리의 모습을 생각하면, 잠을 이룰 수가 없었습니다. 그래서 출마했습니다. 민주당을 버리고 또 다른 꿈을 꾸고 계십니까. 아니지요.

당원 동지 여러분. 저는 외롭고 힘듭니다. 계파도 없습니다. 각고의 시간 광야에서 눈, 바람 맞으며 갈고닦은 역량과 내공을 보여줄 기회도 너무나 적었습니다. 피할 길도, 쉬었다 갈 길도, 되돌아갈 길도 없습니다.

당원 동지 여러분. 저와 함께 이 길을 떠나지 않겠습니까.

민주당은 시대의 비전을 당당하게 앞세우고, 나서라는 절대 명령을 받았습니다. 당에 맡겨진 역사의 힘은 우리에게 명령하고 있습니다. 내 몸 불살라! 당을 살리라고 합니다! 변화와 혁신은 기술이 아닙니다, 기교가 아닙니다.

당을 살리겠습니다. 민주당을 가장 깊이 알고 있는 신계륜을 앞장세워, 갈팡질팡 흔들리는 당을 일으켜 세웁시다. 신계륜이 60년 전통 야당의 반석 위에 민주당을 굳건히 바로 세우겠습니다.

이번 경선에서 돌풍과 역전 드라마만이 민주당을 살릴 수 있습니다. 여러분이 바로 그 주인입니다. 민주당원만이 돌풍을 일으킬 수 있습니다. 여러분이 신계륜을 선택하면 그것이 바로 민주당을 살리는 길입니다. 역전 드라마를 연출할 강철 당원 신계륜, 9회 말 4번 역전 홈런 타자로 나섰습니다.

신계륜은 시대의 한복판에 선 철저한 민주주의자입니다. 김대중 대통령으로부터 정치 입문했습니다. 노무현 대통령의 비서실장이었습니다.

신계륜은 전문 정치가입니다. 당이 어려울 때마다 밀알이 되었습니다. 당의 명령으로 살고 죽었습니다. 2002년 여론조사에서 인기 추락하는 노무현 대통령 후보 비서실장 맡아 대통령 당선시켰습니다.

어제까지의 지지율은 무의미합니다. 저는 어떤 바람에도 흔들리지 않고 10.26 선거에 민주당 후보로 당당히 나설 수 있는 후보입니다. 당원의 자존심을 살리고, 명예를 높일 것입니다.

저야말로 재야의 경력, 정치적 경력, 행정적 경력을 모두 갖추었습니다. 비바람 맞고 눈보라 속에 함께 살아오면서, 오직 한나라당만은 꺾어야 한다는 당원들의 소망을 누구보다 잘 알고 있습니다. 오랜 당원들의 가슴에 남은 한숨과 눈물의 의미를 잘 알고 있습니다.

저만이 진정한 서민의 대변자가 될 수 있습니다. 서민의 고통과 눈물을 온몸으로 겪고 살아온 신계륜은 다릅니다. 여야를 통틀어서 서울시 부시장으로 유일하게 서울시정을 경험한, 준비된 시장입니다. 신계륜에게 위기의 민주당과 서울을 구할 기회를 주십시오.

여러분. 저를 선택해 주십시오. 그렇고 그런 후보 뽑아서 당 밖 사람에게 후보 자리 헌납하고, 결국에는 비참하게 패망하여 60년 전통 문패 부여안고 가서야 되겠습니까. 당과 당원 동지들에 대한 헌신과 열정으로 단련되고, 준비된 시장 후보 뽑아서 새로운 민주당의 시대를 열어 갑시다.

당원 동지 여러분, 민주당의 선택은 역사를 움직입니다. 민주당 신계륜 후보는 10.26 선거에서 승리합니다. 반드시 승리합니다. 저 어렵고 험난한 시대, 험난한 길을 함께 걸어온, 60년 전통 민주당을 지켜 온 자랑스러운 서울의 고참 당원 여러분.

새로운 변화와 희망을 신고 온 젊은 당원 동지 여러분. 당원 동지들과 생사를 함께해 온 신계륜은 시대의 소명을 받았습니다. 밀려오는 불황과 공포 앞에 숨죽이고 있는 서민과 서울시민들을 위해 나섰습니다.

민주당을 구원할 신계륜 후보가 4번 타자로 나섰습니다. 1루, 2루, 3루에 우리의 자랑스러운 세 후보가 나가 있습니다.

이제 주자 일소 만루 홈런을 칠, 4번 타자 신계륜 선수가 타석에 들어섰습니다. 9회 말 역전 드라마는 현실이 되었습니다.

오늘 기적을 만듭시다. 역사의 순간입니다.
여러분 우렁찬 함성으로 응원해 주십시오. 신계륜을 연호해 주십시오.

주5일, 주40시간 노동 제도 확립

이 글은 2012년 ≪노동법률≫ 9월 호에 실린 환경노동위원장 시절의 인터뷰 내용이다. 필자의 주도로 주5일 주40시간 노동이라는 선진적인 제도가 법제화되었다.

최장기(8년) 국회 환경노동위원, 정통 야당 국회의원 4선, 신계류 국회 환경노동위원회(이하 환노위) 위원장을 이르는 말이다. 전남 함평에서 태어나 광주에서 고등학교를 졸업했고, 고려대 총학생회장 출신. 졸업 후에는 현장을 누비며 노동자들의 아픔을 몸소 체험한 노동운동 전문가이기도 하다. 이른바 노동 현장에서 잔뼈가 굵은 '특급 기술자.'

이제는 우리에게 너무도 익숙한 '주5일, 주40시간 노동'도 그의 작품이다. 2002년 제16대 환노위 법안심사소위원장으로 활동할 때 이러한 현대적 근로 제도를 확립하는 데 그가 앞장섰다. 당시 한국노총, 민주노총, 경총, 전경련 등이 서로 합의해 근로기준법을 개정했던 배경에는 신 위원장의 민주주의 정신에 입각한 '합의와 협의 정신'이 있었던 것.

그는 또 이번 제19대 국회 개원 시 지역구인 성북구 종암동에서 국회까지 17km를 도보로 등원한 것으로 유명하다. 그는 이를 두고 "앞으로 절대 국회에 갇히지 말자, 국민과 소통하며, 특히 서민과 함께 살아가며 서민을 위한 의정활동을 하자는 결의를 다지는 의미"라며 "국회 밖에 있는 수많은 서민, 아픔과 고통 속에 신음하는 서민과 4년 내내 함께하면서 좀 더 낮은 곳에서 겸손한 자세로 일하겠다."고 말한다.

"사실 이번 19대에서는 다른 상임위에서 새로운 역할을 하고 싶었지만, 환노위로 방향을 틀었습니다. 그만큼 노사 간 쟁점이 되는 현안이 많기 때문에 중요한 일을 맡았다고 생각합니다. 노동과 환경 관련 일을 잘 처리하고 넘어가는 게 노사관계 뿐만 아니라 나라를 위해서도 꼭 필요합니다."

제19대 국회 전반기 환노위 위원 구성은 이른바 '여소야대'로 짜여졌다. 이를 두고 경영계에서는 우려의 목소리를 내고 있다. 안 그래도 여야를 막론하고 좌편향된 환노위에서 노동계의 무리한(?) 요구를 들어줄 공산이 더욱 커졌기 때문. 이에 대해 신 위원장은 "걱정할 필요가 전혀 없다"며 일축한다. 스스로 "중용을 지켜나가겠다"는 신 위원장은 그 근거로 4선에서 묻어 나오는 '균형 감각과 민주주의 관념'을 들었다(그만 모를 수도, 어쩌면 알면서도 모른 척할 수도 있으리란 생각이 들었다. '균형'이 제일 어렵고, 저들이 가장 두려워하는 부분이라는 것을).

'경제 민주화'와 '국회 선진화'라는 시대적 과제를 수행해야 하는 제19대 국회가 첫 국정 감사를 맞는다. 정치권의 자기 혁신이 절실히 요구되는 시점에서 지난 국회까지 일하지 않는 상임위, 대립과 갈등의 상임위, 이른바 '불량 상임위'로 낙인찍힌 환경노동위원회. 이번에는 그 오명을 제대로 벗을 수 있을지 귀추가 주목되는 가운데, 신계륜 환노위 위원장을 국회에서 만났다. 다음은 그와의 일문일답一問一答이다.

기자 : 19대 국회 입성과 환노위 위원장 선임을 축하한다. 19대 국회에 임하는 각오와 감회가 남다를 텐데.

신계륜 : '경제 민주화'와 '국회 선진화'라는 시대적 과제를 수행해야 하는 제19대 국회 전반기 환노위 위원장을 맡게 된 것을 영광스럽게 생각하며, 동시에 막중한 책임감을 느끼고 있다. 2002년 제16대 국회 환노위 의정활동 당시 '주5일, 주40시간 노동'이라는 현대적인 근로 제도를 확립하는 데 한국노총, 민주노총, 경총, 전경련 등이 서로 합의해 근로기준법을 개정했던 사실을 상기하고자 한다. 노동이 중심이 되고 일하는 사람이 존중받는 사회는 늘 건강하며 국가 간 경쟁에서도 이길 수 있다.

이와 더불어 환경은 노동과 함께 우리의 행복한 삶을 결정짓는 중요 요소다. OECD의 여러 지표는 우리나라의 소득이 늘었지만 행복한 삶과는 너무 동떨어져 있음을 보여주고 있다. 이번 환노위에서는 이러한 사실을 직시하고 국민과 함께 우리가 살아가고, 우리 후손들이 살아가게 될 이 나라가 정말 좋은 환경이 될 수 있도록 최선을 다할 것이다. 이를 위해 당사자들의 의견을 최대한 존중하는 가운데 여야의 협의와 합의로 모든 문제를 풀어 나가는 데 최선을 다하겠다.

기자 : 19대 국회 전반기 환노위가 속칭 '여소야대'로 짜여졌다. 이에 일부에서 우려의 목소리를 내고 있는데.

신계륜 : 여소야대라고 하는데 걱정할 필요가 전혀 없다. 여야가 각각 7명씩 구성됐다고 보면 될 것 같다. 현재 새누리당 의원 구성 수를 볼 때 일부 상임위의 여소야대는 불가피한 상황이다. 여야 간 합의로 현안을 풀어 갈 수 있다고 생각한다. 아무리 어려운 문제라도 서로 맞대어 풀면 풀지 못할 문제는 없다. 지금도 그렇게 하고 있다. 이렇게 반문해 보자. 개인이 어느 정당에 속해 있느냐도 중요하겠지만, 김대중 정부 5년과 노무현 정부 5년, 경제계에서 두려워했는가. 그렇지 않다. 야당이라고 생각처럼 균형을 잃지는 않는다. 노무현 정부와 김대중 정부 때 노사관계가 더욱 안정됐다. 노사관계가 한쪽으로 치우쳤다고 평가할 수는 없다. 야당을 믿어도 된다. 책임 있는 정당, 집권 경험을 두 번이나 가진 정당이다. 또 개인적으로 신계륜이란 사람이 과거 노동운동도 했지만, 국회의원에 네 번 당선됐던 사람이다. 균형 감각과 민주주의 관념이 여야 합의를 이끌어 내기에 충분하다. 일방적인 충당, 당에 충성할 것이다? 그 점에 대해서는 안심해도 된다.

기자 : 그럼 지난 환노위 위원장처럼 당론에 거스르는 행동도 불사하겠다는 뜻인가.

신계륜 : 추미애 의원이 너무 소신이 지나친 게 아닌가 싶다(웃음). 당이 결정한 것이 당론인데, 이것은 노동자와 사용자의 공통 입장에서 매우 긴밀한 협의를 통해서 조정돼야 할 안이지, 일방적으로 관철해야 할 사안은 아니다. 비정규직 문제도 우리 당의 당론이라도 필요하다면 타협으로 가야 한다. 이게 민주주의다. 나름 가치관이 있겠지만, 그것을 전면에 내세우면 안 된다. 어느 정도 적절한 타협점을 찾아야 한다. 나는 그렇게 하겠다.

기자 : 그간 환노위는 노사정 간 첨예한 의견 대립으로 파행으로 치달은 적이 많았다. 모두를 만족시키는 게 쉽지만은 않을 텐데. 향후 운영의 묘를 어떻게 살릴 생각인지.

신계륜 : 이번 국회부터 '국회선진화법' 적용으로 일방적으로 정책을 처리할 수 없게 됐다. 의원들이 진심을 가지고 임한다면 나라 경제를 살리는 데, 올바른 노사관계를 발전시키는 데 지금의 환노위가 오히려 더 많은 국가적 기여를 할 것이라고 생

각한다. 더불어 이견에 대해서도 서로의 생각을 존중하고 끈질기게 토론하고 논의하다 보면 해법이 나올 것이라고 생각한다. 이러한 갈등은 단순한 정쟁을 위한 갈등이 아닌 국민을 중심에 놓고 서로의 의견을 피력하는 것이 옳다고 본다. 이러한 원칙을 저버리지 않는다면 크고 작은 갈등은 쉽게 풀어낼 수 있을 것이다.

기자 : 노조법, 비정규직, 사내하도급, 근기법, 최임법 등 노동 입법 현안이 산적해 있다. 그 가운데 가장 중요하고도 시급히 해결해야 할 과제는 무엇이라고 보는지.

신계륜 : 이번 국회 환노위 현안으로는 우선 여야가 함께 공감하고 있는 비정규직 차별 문제 해소를 들 수 있다. 비정규직 노동자를 포함한 노동계 내에서의 약자층, 그리고 불공평이 확대되고 소득 수준에 점점 격차가 벌어지고 있는 이런 상황의 심각성에 대해서는 여야가 다 공감하고 있다고 본다. 이번 국회에서 이 문제에 대해서는 반드시 해결점을 찾아야 한다고 생각한다. 정규직이 돼야 하는데 비정규직으로, 편법적으로 운영하는 사례는 고쳐야 되지 않겠는가. 또한 불가피하게 비정규직이 필요한 경우도 있지만, 이런 경우에도 정규직과 차별을 없애거

나 줄이는 것도 필요하다. 이 문제에 대해서는 재계와 노동계 양측 모두 편견 없이 만날 것이다. 더불어 여야가 이 문제에 대해 기본적인 인식을 공유하고 있는 만큼 나를 비롯해 환노위 소속 의원들이 자신의 입장을 조금 낮추고 재계와 노동계 양측을 잘 존중하면서 국민들이 납득할 수 있는 합당한 결론을 이뤄 내도록 노력하겠다.

기자 : 노동계에서 노조법 재개정을 줄기차게 요구하고 있다. 복수 노조와 함께 시행되는 교섭 창구 단일화 제도에 대한 위법성 논란이 핵심인데, 환노위의 역할이 중요할 것 같다.

신계륜 : 이번 국회에서는 기간제 및 단시간근로자보호법, 파견근로자보호법, 최저임금법, 고용보험법, 고령자연령차별금지법, 노동조합 및 노동관계조정법 등 다양한 법안 처리가 과제로 제출돼 있다. 물론 일부 법안에 대한 여야의 입장 차이가 있지만, 단순히 노동자 또는 사용자만을 위한 일방적인 법안이 추진되지는 않을 것이다. 여야 모두 경제 민주화라는 큰 틀에 공감하고 있는 만큼 진정성을 가지고 논의를 하다 보면 합리적인 방안과 해법이 나올 수 있을 것이라 본다.

민주당의 당론은 노동조합의 저항을 옹호하고 있다. 타임오

프, 근로 시간 면제 제도도 불합리하다고 보고 있다. 지난번 개정 때 잘 개정하지 못한 점도 있다. 이것은 대단히 중요한 문제다. 법을 개정한다는 것은 제도를 바꾸는 것이기 때문에 시간을 갖고 접근해야 한다. 하루 이틀 내에 해결할 문제는 아니다. 지금은 '타임'이 필요하다. 충분한 시간을 갖고 노사정 합의를 이끌어 내야 한다. '주5일, 주40시간 노동', 근로기준법 개정할 때 법안심사소위원장으로 일했다. 지금 시행하고 있는 제도를 당시 내가 다 합의했다. 한국노총, 전경련, 다 쫓아다녀 합의했다. 지금도 그 타임은 유용하다. 제도를 향해 가는 것, 이렇게 가야 할 지점을 정해 놓은 게 법이다. 타임을 좀 더 가져야 한다.

기자 : 이채필 고용노동부 장관이 국회에서 노조법을 개정하면 재의를 요구하겠다는 취지로 말했다.

신계륜 : 장관이 유감을 표명했다. 물론 장관 스스로 소신이 있을 수 있다. 그것은 행정부 수장으로서 소신, 기왕에 있는 법에 대한 소신이다. 그 범위를 벗어나면 안 된다. 그 법을 개정하려고 하는 것이니 의견을 말할 수 있다고 하지만, 법이 개정 과정에 있다면 그것을 지켜보는 게 장관으로서 할 일이다. 그게

중요한 부분이다. 물론 소신을 버리라는 뜻은 아니다. 자기 소신을 가지고 있지만, 그런 논의가 진행되고 있다면 자기 소신을 차후로 미루고 국회 입법 과정을 지켜보는 게 순리다. 자기 소신까지 버리라는 권리는 아무한테도 없다. 행정부 장관, 법을 집행하는 책임자로서 소임과, 법을 개정하는 사람의 소임이 다른데…….

민주당 대표 경선 출마 선언문

이 글은 2013년 민주당 대표에 출마하면서 국회에서 가진 기자 회견문 전문이다.

존경하는 국민 여러분!

저는 오늘 오랜 시간 고심하고 숙고한 끝에 민주당 대표 경선에 출마하기로 결심하고 이 자리에 섰습니다. 개인적 이해관계를 떠나서 참으로 비장한 각오로 무너진 민주당을 다시 세우는 '혁신 대장정'의 길을 나서고자 합니다. 학생운동, 노동운동, 재야운동 그리고 20여 년 동안에 정치활동의 모든 경험과 교훈을 다 쏟아부어서 민주당을 다시 한번 국민의 희망으로 만들어 내겠다는 각오와 결의를 먼저 밝히는 바입니다. 수권의 역량을 구축한, 믿을 만한 대안 정당으로 만들어 내겠다는 각오와 결의를 밝힙니다.

존경하는 국민 여러분!

지금 대한민국은 총체적 위기 앞에 서 있습니다. 남북관계는 파탄을 넘어서 전쟁 직전 상태로 내몰리고 있습니다. 그러나 나라를 책임질 정부 여당은 어떠한 해결책도 내놓지 못하고 무능의 늪을 허우적거리고 있습니다. 과거 북핵 위기 때 고 김대중 총재가 전쟁의 위기를 극복하기 위하여 단신으로 미국으로 건너가 미국의 조야를 설득해서 평화의 여론을 조성하고 전쟁 반대의 목소리를 높였던 사실을 상기하는 것은 매우 중요한 기억이라고 생각합니다.

평화의 위기입니다. 급속한 산업화 이후 경제 민주화를 이루지 못한 우리 사회는 양극화가 극대화되어 현재 폭발 직전의 상태로 나아가고 있다고 생각합니다. 지역 간, 세대 간의 갈등도 좁혀지지 않고 오히려 높아지고 있습니다.

분열의 위기입니다. 이와 같은 위기를 수습해야 할 책임을 지고 있는 정치와 정당도 제 기능을 상실한 채 박근혜 정부의 잘못된 인사와 비민주적 의사 결정 앞에 휘청거리고 있습니다. 대의 민주주의는 점차 약화되고 직접 민주주의에 호소하는 국민들이 많아지고 있습니다. 숙의 민주주의도 필요합니다.

정당과 정치의 위기입니다. 이런 3대 위기는 국민들로 하여금 불신, 불안, 불만이라는 3불의 심리 상태를 조성했습니다. 정치인의 한 사람으로서 고개를 들 수 없을 정도로 부끄럽고 참담합니다. 국민 여러분 진심으로 죄송합니다.

존경하는 국민 여러분! 민주당을 사랑하는 당원 동지 여러분!

이러한 위기를 극복하지 못하는 것은 전적으로 국가 리더십의 부재에서 비롯되었다고 생각합니다. 새로운 국가 리더십이 필요합니다. 그러므로 이번에 치러질 5.4 민주당 전당대회는 단순한 민주당 대표와 지도부를 선출하는 통과 의례가 아니고 이런 대한민국의 총체적 위기를 극복할 수 있는 새로운 리더십의 창출이 돼야 한다고 생각합니다. 그리고 민주당으로서는 민주당의 존폐가 걸린 '생사전당'입니다.

127명의 국회의원, 8명의 광역단체장, 95명의 기초단체장, 1403명의 지방의회 의원을 가진 민주당이 어디를 어떻게 갈지를 결정하는 그런 전당대회입니다. 진정한 참회와 반성을 기초로 해서 2017년 차기 대선에 이르기까지 지속적 혁신과 인적 통합의 대장정을 국민 앞에 약속하는 자리가 되어야 합니다.

우리가 가야 할 혁신의 길은 당의 노선, 정책, 기풍, 문화 등 민주당의 겉과 속을 틀린 것은 싹 바꾸고, 틀리지 않은 것은 부드럽게 보완하는 것이 핵심입니다. 이번 전당대회를 통해 우리가 잃을 것은 '구태와 계보'이고 얻을 것은 '혁신과 통합'이 되어야 합니다.

저는 먼저 민주적이고 강력한 리더십을 세우겠습니다. 계파에 좌우되어 흔들리고 단명한 리더십으로는 어떠한 일도 제대로 해낼 수가 없습니다. 일체의 계파 활동을 중단시키겠습니다. 그리고 그 결과에 대해서는 반드시 책임을 지는 그런 리더십을 구축하겠습니다.

둘째, 당의 시스템을 전면적으로 혁신하겠습니다. 당과 국민 사이에 소통의 다리를 놓겠습니다. 지도부와 당원 간의 소통의 장을 정례화·일상화하겠습니다.

셋째, 당의 주인은 당원입니다. 주인인 당원의 의사가 무시되면 당은 흔들립니다. 당직 선출 과정에서 당원의 의사가 전적으로 반영되도록 하겠습니다. 지도부의 결단이 아니라 당원의 결단이 우선되어야 합니다. 논란이 극심하거나 어려운 문제일수록 당원에게 맡겨야 합니다. 또한 당의 정체성과 결부된 주요 정책을 결정할 때에는 반드시 당원의 의사를 묻도록 제도화하겠습니다. 이를 위해서 '전 당원 정책 콘퍼런스'를 도입하겠습니다. 아울러 당원은 아니지만 당 밖에서 당을 지지하는 지지자들의 의사 전달 통로를 여러 수준으로 만들어 나가겠습니다. 그리고 각급의 공직 후보자 선출 과정에서는 국민의 참여가 대폭 반영되도록 하겠습니다.

저는 첫째, 민주당을 야당다운 야당, 유능한 야당으로 만들겠습니다. 민주당의 존재 이유는 사람들이 간절히 바라는 문제를 해결할 수 있다는 사실에 있습니다. 당력을 집중해야 할 우선 과제를 잘 선정하고 대여 협상에서 아주 강력한 전선을 형성하여 민주당이 무엇 때문에 모두 나서고 있는지를 국민에게 보여줄 수 있을 때 민주당의 정체성이 살아나고 국민 속에서 신뢰가 뿌리를 내릴 것입니다.

둘째, 서민 경제와 민생, 복지를 현장에서 배우고 실천하는 민주당을 만들겠습니다. 특히 고단하고 처절한 삶의 현장을 살아가시는 여러분들의 체온을 매일매일 지속적으로 느끼는 민주당이 되어야 합니다. 그렇게 하면 민주당의 딱딱한 정책과 이론에 살아 있는 감성과 영혼이 깃들 것입니다. 반드시 생활진보를 체현하는 민주당으로 나아가겠습니다.

셋째, 노동이 있는 민주주의를 구현하는 민주당을 만들겠습니다. 비정규직 문제는 갈수록 심각해져 이제 더 이상 방치할 수 없는 단계에 들어섰습니다. 올 상반기 안에 사회적 합의를 반드시 이루어 문제를 해결하겠습니다. 우리 당에 함께하고 있는 한국노총과 민주노총의 경험과 역량이 민주당의 중요한 자산이 되도록 또 노력하겠습니다.

넷째, 남북관계를 복원하고 한반도의 평화체제의 정착에 실질적이고 유효한 정책을 꾸준히 제시하는 민주당을 만들겠습니다. 민주당은 지난 20여 년 동안 한반도와 평화 번영의 담론을 이끌어 왔습니다. 지난 시기 우리가 만들어 놓은 6.15 선언과 9.19 합의 그리고 10.4 선언은 지금 잘 아시는 대로 휴지 조각이 되어 있고 민주당도 과거의 미몽에서 깨어나지 못하고 있습니다. 새로운 시대, 새로운 한반도 평화 계획을 민주당이 새롭게 세워 이를 지금부터 실천해 나가야 합니다. 우리의 의사와 상관없이 동북아는 요동치고 재편을 향해서 나아가고 있습니다. 이것도 중요한 문제입니다. 한반도 평화체제 구축에서 민주당과 대한민국의 주도권 확보가 너무나 절실하고 중요합니다. 대외 네트워크 구성도 지금 매우 필요합니다. 왜냐하면 주변 국가들의 여론의 조성을 위해서 그렇습니다. 평화 통일 국가의 비전 제시도 지금 당장 필요합니다. 민주당이 다시 한 번 한반도 평화와 통일의 새 지평을 열어 갈 전령사가 되도록 해야겠습니다.

존경하는 국민 여러분! 민주당을 사랑하는 당원 동지 여러분!

이제 민주당은 더 이상 물러설 곳도 피할 곳도 없습니다. 죽어서 살겠다는 각오로 뿌리부터 바꿔야 합니다. 저 신계륜은 절체절명의 마음으로 '혁신 대장정'의 깃발을 들었습니다. 기필코 민주당을 다시 일으켜 세우겠습니다. 국민의 신뢰를 다시 얻을 수만 있다면 마지막 한 방울의 땀도 아낌없이 쏟아붓겠습니다. 군사 독재 정권과 그 아류에 맞서 야권 통합을 추진하고 수평적 정권 교체로 민주 정부 수립에 기여했던 저의 경험과 2002년 노무현 후보와 정몽준 후보의 역사적인 후보 단일화를 성공시켰던 저의 경험은 지금 민주당이 처해 있는 심각한 좌절과 분열을 통합으로 이끌어 내는 데 도움이 될 것입니다. 당원 한 사람도 빠지지 않고 서로 손을 잡고 대혁신의 길로 나서는 민주당의 '혁신 대장정'에 저의 이러한 경험이 효과적으로 기여할 수 있다고 생각합니다. 다가올 10월 재보선과 내년 지방 선거를 승리로 이끌 당의 상머슴이 되겠습니다. 그래서 2017년까지 가는 '혁신 대장정'의 주춧돌을 매일 깔겠습니다. 뚜벅뚜벅 걷고 열정적으로 뛰겠습니다.

  감사합니다.

우선 내 마음속의 평화

이 글은 2013년 성북구 중랑천 걸어서 평화 만들기에서 행한 필자의 연설 내용을 옮긴 것이다.

제가 짧게 한 말씀만 드릴게요. 오늘 걸으시면서 세 가지 생각을 해보면 좋겠습니다. 아까 구청장께서 4년째라고 하셨는데, 사실은 5년째 걸어서 평화 만들기입니다. 2008년부터 2013년까지 딱 5년 되었습니다. 그래서 올해에는 5년 전 처음 시작한 날인 4월 7일에 제주도에서 기념식을 성대하게 진행하려고 했었는데, 제가 본의 아니게 당 대표를 출마하는 바람에 취소하고 말았습니다. 당 대표도 안 되고 행사도 취소되어서 마음이 아쉽긴 하지만 그래도 중랑천에서 좋은 분들과 걷게 되어 무척 영광이라는 말씀 먼저 드립니다.

걷다 보니까 제가 생각하기에 걸으면서 마음의 평화를 얻는 것이 제일 중요합니다. 누구를 만났을 때 기분이 나빴던 것, 싸웠던 것, 불안했던 것, 초조했던 것, 그리고 미래에 대한 걱정들과 같은 여러 가지 걱정들이 늘 일상생활에서 우리한테 혹처럼 따라붙어 있습니다. 이것을 걸으시면서 다 떼어 버리고 마음속에 있는 평안함을 추구하시기 바라겠습니다.

젊은 분들도 마찬가지입니다. 취업도 해야 하고, 공부도 잘해야 하고, 부모님한테 잔소리도 안 들어야 하고, 친구들과도 잘 지내야 하는 등 무수한 근심 걱정이 있지요. 이런 걱정을 자꾸 걸으면서 떼어 버리는 연습을 하게 되면 결국은 내 마음속에 평화가 오게 됩니다. 우리가 걷는 첫 번째 목적은 내 마음의 평화를 위해서 걷는 것이라고 할 수 있겠습니다. 그런 의미에서 "내 마음의 평화를 위하여."를 같이 복창합니다. 내 마음의 평화를 위하여!

그렇습니다. 여러분 마음의 평화를 위해서 걷습니다. 이것이 중요한 것입니다. 내가 화가 나 있으면 세상이 전부 화가 난 것처럼 보여요. 내가 삐뚤어져 있으면 세상도 다 삐뚤어져 보입니다. 내가 평온하고 침착하면 다른 사람들도 평온하고 침착하게 보입니다. 사람도 마찬가지고, 사물도 마찬가지고, 운동도 마찬가지라고 저는 생각합니다.

두 번째는 한반도의 평화입니다. 내 마음만 평화로워서는 안 되죠. 우리가 살아가는 한반도는 삼천리금수강산입니다. 우리가 제주도에서 걸어서 임진각까지 올 때 그것을 확인했습니다. 얼마나 아름다운 금수강산인가! 사시사철 꽃이 피고 지고, 변화가 뚜렷하고, 또 그 속에서 사는 사람들이 얼마나 아름다운가를 우리가 알게 되었습니다. 그런데 이 한반도가 어떻습니까? 전쟁의 위기에 처해 있어요. 북한은 핵을 개발하고, 미국은 북한을 때려서, 전쟁을 치러서라도 핵무기를 없애려고 하고, 우리 남한은 어정쩡하게 이러지도 저러지도 못하고 있습니다. 이것이 한반도를 불안하게 하는 것입니다. 우리 모두를 심리적으로 불안하게 하고 있죠. 그래서 오늘은 다른 나라의 간섭 없이 우리나라가 자주적으로, 민주적으로 한반도 평화를 이루는 기원과 소망을 갖고 걷는다는 뜻을 함께 가지고 있습니다.

우리 민주 정부, 국민의 정부, 참여 정부 10년 동안 6.15 선언도 이룩했고, 10.4 선언도 이룩했습니다. 남북 교류 협력 잘되어서 정말 전쟁의 대가를 치르지 않고도 남북이 평화롭게 공존할 수 있다는 믿음과 희망을 가졌습니다. 그러나 이명박 정부 5

년 동안 이 희망은 완전히 무너졌습니다. 아무것도 할 수 없는 나라가 되었습니다. 우리가 주도적으로 해도 다른 나라에 의해 좌지우지될 상황이 있고, 역사적으로 그래 왔어요. 그래서 이렇게 가만히 있어서는 안 됩니다. 우리 모두 마음속으로 한반도가 전쟁 없이 평화롭게 공존해서 궁극적으로는 평화적 통일의 날이 올 수 있도록 하는 소망을 가슴에 담고 오늘 걷습니다. 그래서 두 번째는 한반도 평화를 위해서 걷습니다. 한번 같이 해보겠습니다. 여러분도 같이 복창해 주시기 바라겠습니다. 한반도 평화를 위하여!

그렇습니다. 세 번째. 여러분이 잘 아시겠지만 개성 공단은 남북 교류 협력 시대의 산물이고, 대결과 전쟁의 시대를 종식시키고 공존하겠다는 의지를 잘 표현해 주고 있는 우리 의지의 산물입니다. 수천 명의 북한 근로자들이 근로하고, 우리 사업가들이 일하고 있습니다. 그런데 이 개성 공단이 지금 폐쇄될 위기에 처해 있습니다. 우리가 잘하면 됩니다. 물론 북한이 잘못한 것도 있지만 우리가 잘해서 북한을 이끌어 갈 책무가 있습니다. 왜냐하면 우리가 더 많은 물리적 자원과 힘을 가지고 있기 때문에 그렇습니다. 우리는 북한을 잘 관리해야 합니다. 개성 공단은 김대중 대통령이 역사적으로 온 힘을 쏟아서 만든 산물입니다.

그래서 남북 모든 지도자들에게 정신 똑바로 차리고 선배들이 이룩해 낸 중요한 평화의 성과인 개성 공단을 지키자, 유지하자를 위해서 오늘 걷는 것입니다. 아시겠죠? 세 번째 우리가 걷는 목적은 "개성 공단 유지를 위하여."라고 하겠습니다. 개성 공단 유지를 위하여!

다시 한번 해보겠습니다. 같이 복창해 주세요.
첫 번째, 내 마음의 평화를 위하여!
두 번째, 한반도 평화를 위하여!
세 번째, 개성 공단 유지를 위하여!

이런 마음을 갖고 마음에 담아서 가치 있는 소중한 친구들과 마음을 나누면서 걷기를 시작하도록 하겠습니다.
그러면 깃발 준비하시고 출발하도록 하겠습니다. 걷는 순서는 특별히 없고 제가 앞장설 테니 모두 같이 따라와 주시면 되겠습니다. 같이 걷다가 힘이 드신 분들은 그냥 그 자리에 쉬시면 돌아올 때 만나게 됩니다. 그러니까 무리하지 마시고, 끝까지 걸으실 수 있는 분들은 끝까지 걸어서 오늘 2013년 중랑천 걸어서 평화 만들기 걷기가 제대로 되어서, 하나부터 세 가지의 평화도 얻을 수 있는 그런 자리가 되길 바라겠습니다. 자, 그러면 마지막으로 함성을 한번 지르고 출발하도록 하겠습니다. 힘차게 마음속에 모든 것을 담아서 함성을 3회 지르겠습니다.

함성 시작! 다시 한번 함성 시작! 마지막으로 함성 시작!

자, 걷겠습니다. 함께 갑시다.

이제 우리가 앞장서서
사회적경제기본법 통과시키자

이 글은 2015년 사회적 경제 전국 워크숍 및 제1차 운영위원회에서 중앙당 사회적경제위원회 위원장이었던 필자의 기조 발언을 요약한 것이다.

2012년 대선 때, 당시 문재인 대통령 후보는 사회적 경제에 대한 공약을 내놓았습니다. 제 기억으로는, 사회적 경제를 처음으로 다룬 대통령 후보 공약이었습니다. 그 후 나는 2013년에 국회 사회적경제연구포럼을 만들어 사회적 경제에 대한 학습을 시작했습니다. 그리고 여기 나와 계시는 김기준 의원님이 협동조합 연구에 몰두하신 것도 기억할 만합니다. 그리고 작년에 사회적경제위원회가 당내에 상설위원회로 설치되어 오늘

이 토론회에 이르게 되었습니다.

  제주, 부산, 경남, 광주, 전주 등 멀리서 참석해 준 시도의 지역위원장님들께 특별한 감사의 말씀을 꼭 전해 드리고 싶습니다. 그리고 오늘 장소를 기꺼이 해주신 서울사회적경제네트워크 송경용 신부님과 이은혜 센터장님께도 감사드립니다.

  여러분께 나누어 드린 자료에도 들어 있지만 전통적 사회적 경제 기업인 농협, 새마을금고, 신협 등 사회적 경제 기업은 4900여 개에 이르고, 조합은 다소 부풀려져 있다고 하더라도 통계상으로는 1900만여 명에 이르고 있습니다. 여기에 새로운 사회적 경제 기업 약 1만여 개의 조합원 약 8만 명을 합하면 2000만 명에 이르고 있다고 말할 수 있습니다. 자, 이들이 협동조합 정신에 좀 더 가까이 다가가고 민주주의에 좀 더 투철하며 자신을 변화시켜 나간다면 우리 사회를 변화시킬 거대한 힘이 되지 않겠습니까.

  내가 얼마 전에 중소기업중앙회의 초청을 받아 사회적경제기본법의 취지 등의 발언을 한 적이 있습니다. 중소기업중앙회는 전통적 의미의 사회적 기업에 해당합니다. 나의 발언은 중소기업중앙회가 보다 협동조합의 정신으로 다가기를 바라는 것이었는데 300여 참여자들의 많은 관심을 확인했습니다. 경기도가 오는 29일 발대식을 한다고 들었는데 각 지역마다 발대식을 할 때 농촌 지역은 농협, 도시 지역은 새마을금고와 신협에 대해 각별한 관심을 가지고 발대식에 참여할 수 있도록 노력해 주시기 바랍니다. 그들이 올바른 의미의 협동조합에 좀 더 다가설 수 있다면 그 지역의 큰 변화를 반드시 이룰 수 있기 때문입니다.

사회적경제기본법도 새누리당 내 일부 반대자들 때문에 막혀 있습니다만 이제부터는 우리가 사회적 경제 일꾼들과 시민단체와 힘을 합해 이들을 압박함으로써 꼭 빠른 시간 내에 이 법이 통과되도록 해야 할 것입니다.

그리고 나는 지난해 중앙당 사회적경제위원회 출범식 때 다음과 같이 말했던 것을 기억합니다. 앞으로 5년 뒤인 2020년까지 단계적으로 사회적 경제 사회 투자 기금 5조 원 조성, 사회적 경제 기업의 공공 기관 우선 구매 10% 달성, 사회적 경제 기업 4만 창업, GDP 대비 사회적 경제 부문 5% 달성, 전체 고용 대비 사회적 경제 고용 비율 5% 달성은 우리가 노력하면 달성할 수 있는 목표라는 사실을 주지시켜 드립니다.

또한 이보다 먼저 작년 지방 선거 전에 나는 우리 당의 사회적 경제 공약을 발표했고 많은 출마자들과 함께 이것을 공표했습니다. 또한 우리 당과 함께 전국 사회적 경제 매니페스토 실천협의회를 구성하고 공약 권고안도 발표했습니다. 이것 또한 유권자에게 드린 소중한 약속이기 때문에 꼭 실천할 수 있도록 노력해야 함을 상기시켜 드립니다. 자료를 보내드릴 테니 꼼꼼히 공약들을 살펴보시고 창조적 실천을 해주시기 부탁드립니다. 모두 힘을 모아 바른 실천으로 당내 분위기를 일신합시다. 감사합니다.

'사회적 가치'를 토대로 일상적 연대 이루어 건강한 정당을 만들어야 한다

이 글은 2015년 광주광역시당 사회적경제위원회 발대식 및 사회적 경제 견학 보고대회에서 행한 필자의 축사를 옮긴 것이다.

다음 총선 특히 대선에서 정말 꼭 이겨야 할 텐데 어떻게 하면 이길 수 있을 것인가. 이 고민은 우리 당원 여러분이라면 누구나 하리라고 생각합니다. 당 지도부에 있는 사람들이 그런 고민을 더 많이 해야 하고, 그런 의무를 갖고 있는 사람들은 확실한 신념과 답을 줘야 되겠죠. 우리 스스로가 '과연 우리가 집권하면 무엇을 할 수 있을까'에 대한 신념을 갖지 못한다면 참 어려운 일이라고 생각합니다.

예를 한번 들어 보겠습니다. 광주는 다르지만 서울은 몇 표 차이로 당락이 결정되는데, 제일 중요한 것이 우리 당을 지지하는 사람에게 얼마나 플러스를 만들 수 있을까가 당락을 좌우합니다. 어떤 단체하고 우리 당하고 선거 때만 되면 연대를 합니다. 선거 끝나면 안 합니다. 이런 일시적인 연대는 앞으로는 정당에서 없어야 하고 있어도 의미가 없을 거라 생각합니다. 이제는 1년 내내 선거철이 아닌 평상시에도 같이 추구하는 가치를 두고 동맹을 맺고 가지 않으면 우리 당을 지지할 사람이 없다고 생각합니다. 우리가 제안하는 가치가 무엇인가. 좀 더 자유로운 세상, 평등한 세상, 양극화가 극복된 세상, 서민들이 잘 사는 세상이라고 말은 하는데, 과연 그렇게 일상적으로 우리가 활동을 하고 있는가에 대한 의문에 답을 주어야 한다고 생각합니다. 특히 서울이나 경기 지방은 그렇습니다. 그래서 오늘 시작한 사회적 경제가 그 답이라고 생각합니다.

여기 8개의 목표 여러분 보셨죠. GRDP 5% 확대, 고용 5% 확대, 공공 우선 구매 10% 확대. 공공 우선 구매 확대는 우리가 할 수 있습니다. 우리가 집권하고 있으니까. 그리고 연대, 인재 육성, 투자 기금 등 이렇게 말했는데 진짜 해야 합니다. 할 수 있습니다. 예를 하나 들어 보겠습니다. 노동조합이 비난도 받는데, 역사 속에 살아 있는 우리 민주화운동의 자산임에도 지금 방향을 못 잡고 해서 비판받고 있습니다. 어떤 노동조합이 투쟁 기금을 100억 갖고 있습니다. 수십 년째 갖고 있습니다. 재벌들 사내 유보금 얼마나 갖고 있습니까. 어마어마한 돈을 사내에 쌓아 놓고 있습니다. 구조조정해서 돈 벌어서 그렇습니다. 이런 돈들을 사회적으로 어떻게 쓸 것인가라는 합의만 이루어진다면 100억이 아니라 500억, 1000억도 만들 수 있습니다.

엊그제 유명한 사회적 경제 전문가 낸시 님탄 여사가 국회에 오셔서 강연을 했는데 노동조합 사람들과 이야기했습니다. 노동조합이 20억 내고, 재벌이 100억 내고, 지역사회에서 50억 만들면 왜 기금 못 만듭니까! 강연에서는 정부만 처다보지 말고 우리끼리, 우리가 하면 만들 수 있다는 경험을 소개했습니다. 캐나다의 퀘벡시 하나에서 150조라는 돈을 모았다고 합니다. 우리가 시작해서 우리가 결정하고 우리 통제하에 있는 자본이 사회적 투자 기금입니다.

재벌이 쓰는 기금이 아니고, 정부가 쓰는 기금이 아니고 모은 사람들이 쓰는, 시민들이 쓰는 기금을 100억, 1000억도 만들 수 있습니다. 사회적 경제야말로 우리 당을 현대화시키는 기초라고 생각합니다. 앞으로 현대 당의 모습은 "그냥 퍼주세요." 하면 안 된다고 생각합니다. 4년 동안 일상적인 연대를 통해서 이루어지는데, 그 기초가 '사회적 가치'라는 것입니다. 사회적 가치에 토대한 연대를 일상적으로 만들어 갈 수 있을 때 우리 당이 건강해지고 집권도 가능하다는 믿음을 꼭 전해 드리고 싶습니다. 여기 계신 분들이 앞장서 주시길 부탁드립니다.